# OCCUPY

TINTA VERMELHA
COLEÇÃO

UNITE!

# OCCUPY

## movimentos de protesto que tomaram as ruas

David Harvey • Edson Teles • Emir Sader • Giovanni Alves • Henrique Soares Carneiro • Immanuel Wallerstein • João Alexandre Peschanski • Mike Davis • Slavoj Žižek • Tariq Ali • Vladimir Safatle

Carta Maior

BOITEMPO EDITORIAL

*Coordenação editorial:* Ivana Jinkings
*Editora-adjunta:* Bibiana Leme
*Seleção dos textos:* Ana Lotufo Valverde
Kim Doria
*Assistência editorial:* Livia Campos
Mônica Santos
*Diagramação:* Ana Lotufo Valverde

capa sobre o pôster "The Beginning is Near", de Alexandra Clotfelter; p. 2 sobre o pôster "Occupy May Day Tree", de Rich Black

*Produção:* Livia Campos

CIP-BRASIL. CATALOGAÇÃO-NA-FONTE
SINDICATO NACIONAL DOS EDITORES DE LIVROS, RJ.

---

O18

Occupy / [David Harvey ... et al.] ; [tradução João Alexandre Peschanski ... et al.]. - São Paulo : Boitempo : Carta Maior, 2012

ISBN 978-85-7559-216-8

1. Occupy Wall Street (Movimento). 2. Renda - Distribuição. 3. Movimentos de protesto. 4. Participação política. 5. Crises financeiras. I. Harvey, David, 1935-.

12-1304 CDD 339.2
CDU 330.564

---

Este livro atende às normas do novo acordo ortográfico em vigor desde janeiro de 2009.

Foram feitos todos os esforços para encontrar os autores das imagens, mas em alguns casos isso não foi possível. Se forem localizados, a editora se dispõe a creditá-los nas próximas edições.

1ª edição: março de 2012; 1ª reimpressão: junho de 2012
2ª reimpressão: julho de 2013; 3ª reimpressão: novembro de 2013

BOITEMPO EDITORIAL
Jinkings Editores Associados Ltda.
Rua Pereira Leite, 373
05442-000 São Paulo SP
Tel./fax: (11) 3875-7285 / 3875-7250
editor@boitempoeditorial.com.br
www.boitempoeditorial.com.br

CARTA MAIOR
Promoções, Publicações e Produções Ltda.
Av. Paulista, 726, 15º andar
Tel: (11) 3142-8837
www.cartamaior.com.br

Diretor geral
*Joaquim Ernesto Palhares*

# Sumário

## Nota da editora

Esta coletânea foi idealizada – pela Boitempo Editorial, com adesão imediata do portal *Carta Maior* – com o objetivo de ampliar o debate em torno dos movimentos populares que tomaram as ruas ao longo de 2011 em diversos países.

Para tornar o livro mais acessível, foram tomadas diversas medidas: autores cederam gratuitamente seus textos, em sua maioria artigos que já haviam circulado na mídia, no calor das discussões (com exceção da apresentação do historiador Henrique Soares Carneiro e do texto de capa do jornalista e doutor em Ciências Políticas Leonardo Sakamoto, escritos especialmente para esta edição, e dos artigos de Edson Teles, Emir Sader, Slavoj Žižek e Vladimir Safatle, reescritos ou reformulados para este volume), tradutores não cobraram pela versão dos textos para o português, ilustradores e fotógrafos abriram mão de pagamento pelos direitos de suas imagens.

Infelizmente não nos foi possível incluir, como gostaríamos, o texto de Noam Chomsky "Occupy the Future", adaptado de seu discurso aos manifestantes do Occupy Wall Street e publicado no periódico *In These Times* em 1º de novembro de 2011. O autor manifestou simpatia pelo convite para participar deste volume, mas por questões burocráticas tivemos de negociar com seus agentes, os quais não abriram mão de pagamento. Como isso contrariava a ideia da obra, dos movimentos de ocupação e, em última análise, do próprio Chomsky e dos demais autores e colaboradores, optamos, embora com pesar, por não aceitar a exigência.

Outros aspectos técnicos, como aproveitamento de papel e projeto gráfico, também contribuíram para reduzir os custos, sem falar na parceria com a *Carta Maior*, essencial para que esta seja uma obra que possa alcançar o maior número de pessoas, estimulando-as, quem sabe, a ir às ruas por mudanças.

A 2ª reimpressão deste livro tem o selo da coleção "Tinta Vermelha", lançada com *Cidades rebeldes: Passe Livre e as manifestações que tomaram as ruas do Brasil*, em agosto de 2013. O título da coleção é uma referência a um trecho do discurso de Slavoj Žižek, aos manifestantes do movimento Occupy Wall Street, na Liberty Plaza (Nova York), em 9 de outubro de 2011.

Occupy Tent - Gregoire Vion

# Apresentação

## Rebeliões e ocupações de 2011

Henrique Soares Carneiro

No ano de 2011 ocorreu um fenômeno que há muito não se via: uma eclosão simultânea e contagiosa de movimentos sociais de protesto com reivindicações peculiares em cada região, mas com formas de luta muito assemelhadas e consciência de solidariedade mútua. Uma onda de mobilizações e protestos sociais tomou a dimensão de um movimento global. Começou no norte da África, derrubando ditaduras na Tunísia, no Egito, na Líbia e no Iêmen; estendeu-se à Europa, com ocupações e greves na Espanha e Grécia e revolta nos subúrbios de Londres; eclodiu no Chile e ocupou Wall Street, nos EUA, alcançando no final do ano até mesmo a Rússia.

O suicídio por imolação de Mohamed Bouazizi, um vendedor de frutas que protestava contra a apreensão de suas mercadorias, na Tunísia, em 17 de dezembro de 2010, foi apenas um dos muitos atos semelhantes ocorridos no norte da África que, além do desespero individual, simbolizaram o esgotamento psicológico de muitos povos em um mesmo momento. Houve uma sincronia cosmopolita febril e viral de uma sequência de rebeliões quase espontâneas surgidas na margem sul do Mediterrâneo e que logo se manifestaram na Espanha, com os Indignados da Puerta del Sol, em Portugal, com a Geração à Rasca, e na Grécia, com a ocupação da praça Syntagma. Em todos os países houve uma mesma forma de ação: ocupações de praças, uso de redes de comunicação alternativas e articulações políticas que recusavam o espaço institucional tradicional. Países como a China sentiram o risco e censuraram a simples menção na internet à praça Tahrir, palco dos protestos egípcios.

Comparações logo foram feitas com o ano de 1968 ou mesmo com convulsões ainda mais antigas, como a primavera dos povos de 1848. A rebelião popular voltou à ordem do dia! O pano de fundo objetivo é uma crise social, econômica e financeira que se arrasta desde 2008 e tem como consequências a carestia dos gêneros alimentares e o aumento do desemprego, mas o grande impasse que está presente é a ausência de alternativas políticas organizadas. Os movimentos se manifestam em rebeliões praticamente espontâneas contra as estruturas políticas partidárias e sindicais vigentes, mas sem forjar ainda uma nova articulação orgânica e representativa dos anseios de transformação e ruptura.

Na África do norte o movimento assumiu o caráter de revolução democrática, colocando fim a longas ditaduras. Na América Latina se expressou principalmente na reivindicação estudantil por educação pública e gratuita no Chile – que teve apoio de amplos setores, com greves sindicais que geraram uma crise nacional, debilitando estruturalmente o governo de Sebastian Piñera. Assumiu ainda feitio de marcada denúncia dos bancos e das corporações, sacudindo até mesmo os Estados Unidos, onde a ocupação de Wall Street se espalhou para centenas de cidades e chegou a realizar um dia de greve geral em Oakland, parando um dos maiores portos do país.

O movimento estendeu-se de forma epidêmica, no sentido grego original da palavra, que indica não só uma doença, mas algo que ocorre com muita gente do povo, como a conversão religiosa dionisíaca, por exemplo. Houve algo de dionisíaco nos acontecimentos de 2011: uma onda de catarse política protagonizada especialmente pela nova geração, que sentiu esse processo como um despertar coletivo propagado não só pela mídia tradicional da TV ou do rádio, mas por uma difusão nova, nas redes sociais da internet, em particular o Twitter, tomando uma forma de disseminação viral, um boca a boca eletrônico com mensagens replicadas a milhares de outros emissores.

O impacto das revoltas em países já acostumados a décadas de ditaduras e a euforia que isso despertou foram tão surpreendentes que chegaram a ser estigmatizados como uma alucinação coletiva quimicamente induzida. Três dias após o início do levante em Benghazi, o filho de Kadafi foi à TV (em 20 de fevereiro de 2011) e acusou os rebeldes de serem drogados por Bin Laden numa conspiração "alucinógeno-fundamentalista".

As revoluções sempre foram consideradas uma forma de embriaguez. A Academia de Medicina, logo após a derrota da Comuna de Paris, criou uma comissão para diagnosticar as causas da irrupção revolucionária, num esforço de relacionar a dissidência a uma doença. A conclusão foi: "A Comuna se fez numa espécie de embriaguez permanente, uma vasta erupção de alcoolismo"[1]. Como sublinhou ainda Yves Lequin, "o que é novo é que o inebriamento alcoólico deixa de ser uma simples metáfora e que os médicos pretendem estabeleçer [...] a filiação biológica da subversão"[2]. Walter Benjamin havia se dado conta dessa força da revolução como êxtase coletivo ao escrever sobre o surrealismo, que, "em todos os seus livros e empreendimentos, empenha-se em conquistar as forças do êxtase para a revolução", pois

---

[1] Yves Lequin, "Au péril de la race", em Jean Delumeau e Yves Lequin (orgs.), *Les Malheurs des Temps. Histoire des fleaux et des calamites em France* (Paris, Larousse, 1987), p. 438.

[2] Ibidem, p. 439.

seria uma "verdade, de nós conhecida, que em qualquer ato revolucionário existe vivo um componente extático"[3].

Essa euforia inicial talvez já tenha se dissipado em meio aos milhares de mortos na Líbia e na Síria e aos cerca de oitocentos no Egito, mas uma determinação ainda maior foi apreendida e é possível prever um agravamento significativo da crise e do conflito social em 2012.

Nesta coletânea, muitos pensadores críticos da situação contemporânea ensaiam análises e interpretações dos significados desse novo momento da política global em que a voz das ruas passou a ocupar o cenário, deslocando velhos aparatos políticos e questionando a ordem do capitalismo financeirizado, em textos escritos no calor dos acontecimentos e imbuídos não só da lucidez da crítica, mas também da paixão do engajamento e da esperança.

Alguns consensos podem ser encontrados nesses textos. Immanuel Wallerstein, em um otimismo que vai do moderado ao entusiástico, reconhece que 2011 foi um bom ano para a esquerda, qualquer que seja a definição dada a ela, mas ainda lamenta a ausência de uma unidade possível nesse polo. Mike Davis, mais poético, vê no movimento Occupy Wall Street uma "criança com o sinal do arco-íris", um anúncio quase redentor de uma nova solidariedade social.

Uma segunda constatação unânime é quanto à falta de uma definição estratégica, programática e teórica para esses novos movimentos de 2011. Mesmo sem ter os "óculos mágicos" do programa, das demandas e da estratégia, citados por Davis em seu texto, os movimentos de indignados e por liberdades democráticas possuem em comum aquilo que David Harvey chama de união dos corpos no espaço público, característica muito mais importante, para ele, do que os fluxos de comunicação pela internet. Por isso, a ocupação transformou-se na senha para milhares de jovens erguerem acampamentos de protesto em centenas de cidades.

---

[3] Walter Benjamin, "O Surrealismo, o mais recente instantâneo da inteligência europeia", em *Textos escolhidos* (2. ed., São Paulo, Abril Cultural, 1983, Coleção Os Pensadores), p. 83.

Outro ponto de concordância é que o capitalismo vive não apenas uma crise cíclica de "destruição criadora", mas um momento de declínio geral, que ameaça até mesmo, como ressalta Noam Chomsky*, a sobrevivência da espécie. Neste momento, opõe-se uma plutonomia, como ele designa a economia conspícua de produtos de luxo em nichos globais, a um proletariado cada vez mais precarizado.

Se a democracia não é real, conforme expressa o nome de um dos grupos organizadores do M15M – Democracia Real Ya (DRY) –, ela se constitui como a principal ilusão sustentadora do sistema político e ideológico, como lembra Slavoj Žižek, e sua superação depende não só do rechaço ao sistema corrupto, midiocrático e a serviço dos bancos, mas também da formulação de uma alternativa.

Esse velho impasse dos movimentos de rebelião antissistêmica salta de novo ao centro da discussão. Apesar de Tariq Ali dizer que saber contra quem se luta é um importante começo, Žižek é bem categórico ao afirmar que não basta saber o que não se quer, é preciso saber o que se quer. O povo, de acordo com ele, sempre tem a resposta, o problema é não saber a pergunta.

Um movimento internacional de protesto sem um programa coerente é insuficiente para o que Giovanni Alves aponta como central: a formação de uma plataforma mínima para um novo movimento de organização de classe que junte o proletariado e o precariado. A identificação da desigualdade social, da riqueza e do poder de 1% da população mundial contra os 99%, como feito em Nova York, já está clara de acordo com João Alexandre Peschanski, mesmo que em ideias ainda vagas de igualitarismo democrático radical.

Na Primavera Árabe analisada por Emir Sader, a necessidade de organizações políticas é ainda maior dada a presença dos movimentos fundamentalistas e de uma interferência militar direta da OTAN e dos EUA.

---

* Como explicado na Nota da Editora, o discurso de Noam Chomsky proferido em Boston, em 22 out. 2011, não pôde ser incluído nesta coletânea. A tradução está disponível em www.boitempoeditorial.wordpress.com/category/colaboracoes-especiais/noam-chomsky e www.cartamaior.com.br. (N. E.)

O caso brasileiro, abordado no texto de Edson Teles, ainda não teve movimentos da mesma magnitude que os de outros países, mas possui a peculiaridade de mobilizar setores da juventude e de excluídos sociais, alvos, em 2011, de uma sistemática repressão policial, desde as marchas da maconha em São Paulo e da entrada de tropas de choque na USP até a expulsão dos moradores do Pinheirinho e dos projetos higienistas no centro das capitais.

O viés anarquista existente nos movimentos de 2011, mesmo que não seja explicitado na teoria, choca-se com o programa muitas vezes reformista e regulacionista do capitalismo, como se vê no manifesto dos Indignados espanhóis. Se em geral é verdade, como escreve Vladimir Safatle, que "não dá pra confiar em partidos, sindicatos, estruturas governamentais", sua conclusão é muito mais controversa: "a época em que nos mobilizávamos tendo em vista a estrutura partidária acabou".

A construção de um movimento anticapitalista global não pode simplesmente abdicar de partidos, eleições e sindicatos, sob pena de esse espaço continuar a ser ocupado pelos partidos de direita, como ocorreu na Espanha, onde o Movimento dos Indignados foi forte e a abstenção eleitoral, enorme.

O movimento sindical continua majoritariamente sob a influência dos partidos de esquerda mais tradicionais, tanto da social-democracia – que, embora executora dos planos de ajuste na Espanha e na Grécia, ainda busca manter sua imagem histórica ligada às origens operárias ao ponto de ainda se cantar a Internacional no congresso do PSOE – quanto da esquerda alinhada com os partidos comunistas, especialmente na Grécia e em Portugal, onde subsistem os dois PCs mais fortes da Europa. Significativo é que num dos momentos mais importantes de 2011, durante a greve geral grega de 48 horas em 19 e 20 de outubro, tenha ocorrido uma enorme batalha campal entre os setores anarquistas e o serviço de ordem do partido comunista (KKE) e da central sindical PAME, que se encarregaram de cercar e defender o prédio do Parlamento. Da mesma forma, no Chile, a direção política do PC, simbolizada por Camila Vallejo, ainda é decisiva, embora já tenha sido superada nas eleições estudantis por uma coalizão de tendências mais à esquerda.

A tradição marxista teorizou a tomada de uma consciência política das classes exploradas como autorreflexividade crítica e prática na sua ação histórica que assim poderia romper política e ideologicamente com a ordem dominante. A consciência crítica de uma época sobre si própria se cristalizaria institucionalmente nas organizações sociais da classe trabalhadora, como os sindicatos e os partidos. Estes, entretanto, após as ascensões e crises das internacionais operárias, tornaram-se, na história do século XX, a principal camisa de força burocrática dedicada a bloquear a luta social. A consciência política rebelde, órfã dos aparatos e desconfiada da política institucional, emerge atualmente em manifestações de rebelião, muitas vezes espontâneas, em que até torcidas organizadas, como no Egito, cumprem um papel de vanguarda revolucionária.

A perda de direitos sociais, políticos e sindicais e as características de inorganicidade das novas camadas do proletariado, especialmente na Europa, são marcadas pela presença de um *apartheid* em relação aos imigrantes ilegais e por uma maior exclusão dos direitos também nas novas gerações de trabalhadores. Precariado, termo que parece ter surgido como um neologismo anglicizado no Japão, designa uma nova forma de proletariado informal e terceirizado, um novo tipo de trabalhador cujas habilidades intelectuais são exploradas por meio de precarização, desregulamentação e perda dos direitos sociais do *welfare state* das gerações anteriores do proletariado industrial.

Há uma desregulamentação global e perda de direitos sociais em nome da "flexibilização" que ampliou a nova camada social precarizada concentrada nos mais jovens. Esses jovens indignados da Europa, assim como os insurretos *shabab* ("jovens") do mundo árabe, são os que despertaram uma nova euforia política num mundo dominado pelos ideais de individualismo, de perpétua continuidade do cotidiano e de carência de projetos coletivos para o futuro.

Passado um ano do início da Primavera Árabe, dos indignados anticapitalistas europeus, do movimento estudantil chileno e da ocupação de Wall Street, a situação se agravou e foi momentaneamente detida em alguns lugares por meio da repressão brutal, como no Bahrein, na Síria e no próprio Egito, onde a ditadura da Junta Militar subsiste e continua matando centenas de pessoas. Membros reciclados do velho sistema e islamitas parecem ter se fortalecido no Egito, na Tunísia e na Líbia, onde os bombardeios da Otan aparentemente não tiveram sucesso na construção de uma força política a seu favor no país.

Na Europa, a crise se agrava. O Partido Popular (PP) ganhou eleições na Espanha (apesar do crescimento da abstenção, da Izquierda Unida e do nacionalismo basco) e na Grécia a situação chega a um impasse que ameaça a unidade monetária do euro. No Chile e nos Estados Unidos, a polícia reprimiu e prendeu sistematicamente milhares de manifestantes, mas o ano de 2012 começou com demonstrações de que os movimentos ainda têm fôlego. Na Europa, o levante popular na Romênia anuncia uma reação aos recortes sociais.

A extrema-direita, que revelou em 2011 a sua face mais explícita, no massacre na Noruega, também cresce. A *troika* (União Europeia, FMI e Banco Europeu) dita ordens de mais austeridade e todos os governos as seguem. Ao que tudo indica, o duro inverno do hemisfério norte será seguido por uma primavera politicamente quente em 2012, colocando na ordem do dia o debate sobre a natureza e a evolução dos novos movimentos políticos que floresceram em 2011. Poderá a indignação se tornar revolução?

*fevereiro de 2012*

Oakland General Strike - Rich Black

# O violento silêncio de um novo começo[*]

Slavoj Žižek

O que fazer depois da ocupação de Wall Street, quando os protestos que começaram longe (Oriente Médio, Grécia, Espanha, Reino Unido) atingiram o centro e, agora, reforçados, espalham-se por todo o mundo? Um dos grandes perigos que enfrentam os manifestantes é o de se apaixonar por si mesmos, pelo momento agradável que estão tendo nos lugares "ocupados" – nesse sentido, quando a ocupação de Wall Street ecoou em São Francisco, em 16 de outubro de 2011, um rapaz dirigiu-se à multidão com um convite para ela participar do ato como se fosse um acontecimento no estilo *hippie* dos anos 1960: "Estão nos perguntando

[*] Traduzido por Fernando Marcelino e Chrysantho Sholl a partir da versão ampliada pelo autor, para esta edição, do discurso "The Violent Silence of a New Beginning", realizado em Zuccotti Park, em 10 out. 2011. Disponível em: www.boitempoeditorial.wordpress.com/2011/10/11/a-tinta-vermelha-discurso-de-slavoj-zizek-aos-manifestantes-do-movimento-occupy-wall-street. (N. E.)

qual é o nosso programa. Não temos programa. Estamos aqui para curtir o momento". Os carnavais saem barato – a verdadeira prova de seu valor é o que permanece no dia seguinte, o modo como o nosso cotidiano se transforma. Os manifestantes deveriam se apaixonar pelo trabalho duro e paciente – eles são o começo, não o fim, então sua mensagem básica é: o tabu foi rompido, não vivemos no melhor mundo possível, temos a permissão, a obrigação até, de pensar em alternativas. Numa espécie de tríade hegeliana, a esquerda ocidental fechou seu ciclo: depois de abandonar o chamado "essencialismo da luta de classes" pela pluralidade das lutas antirracistas, feministas etc., "o capitalismo" claramente reaparece agora como o nome DO problema. Portanto, a primeira lição a ser tomada é: não culpe as pessoas nem suas atitudes, pois o problema não é a corrupção ou a ganância, mas o sistema que nos leva à corrupção. A solução não é "*Main Street, not Wall Street*"*, mas sim a mudança do sistema em que a Main Street não funciona sem Wall Street.

Há uma longa estrada pela frente, e logo teremos de tratar das questões realmente difíceis – não aquelas relativas ao que não queremos, mas ao que, de fato, QUEREMOS. Que organização social pode substituir o capitalismo atual? De que tipo de novos líderes precisamos? E de que órgãos, incluindo aqueles de controle e repressão? As alternativas do século XX obviamente não funcionaram. Embora seja excitante desfrutar dos prazeres da "organização horizontal" das multidões em protesto com sua solidariedade igualitária e seus debates livres e abertos, devemos também nos lembrar do que escreveu Gilbert Keith Chesterton: "Ter apenas a mente aberta não é nada; o objetivo de abrir a mente, assim como o de abrir a boca, é fechá-la de novo em algo consistente". Isso também vale para a política em tempos de incerteza: os debates abertos terão de fundir-se não somente em novos Significantes-Mestres, mas também em respostas concretas à antiga questão leninista: "Que fazer?".

---

* O lema manifesta preferência por uma rua de comércio local, de pequenos investidores (Main Street), em oposição à imensa concentração de grandes negócios e investimentos simbolizada por Wall Street. (N. E.)

Os ataques conservadores diretos são fáceis de responder. Os protestos são antiamericanos? Quando os conservadores fundamentalistas afirmam que a América é uma nação cristã, deveríamos recordar o que é o cristianismo: o Espírito Santo, a comunidade livre igualitária de fiéis unidos pelo amor. São os manifestantes que encarnam o Espírito Santo enquanto em Wall Street são todos pagãos adorando falsos ídolos. Os manifestantes são violentos? É verdade que sua linguagem pode parecer violenta (ocupação e tudo mais), mas eles são violentos somente no sentido em que Mahatma Gandhi era violento. São violentos porque querem dar um basta no modo como as coisas são feitas – *mas o que é essa violência quando comparada àquela necessária para sustentar o suave funcionamento do sistema capitalista global?* Eles são chamados de perdedores – mas não estariam os verdadeiros perdedores em Wall Street, e não teriam sido eles salvos por centenas de bilhões do nosso dinheiro? Os manifestantes são chamados de socialistas – mas nos Estados Unidos já existe socialismo para os ricos. Eles são acusados de não respeitar a propriedade privada – mas as especulações de Wall Street que levaram à crise de 2008 acabaram com mais propriedades privadas obtidas a duras penas do que se os manifestantes estivessem aqui as destruindo dia e noite – é só pensar nos milhares de casas desapropriadas. Eles não são comunistas, se comunismo significar o sistema que entrou merecidamente em colapso em 1990 – e lembrem-se de que os comunistas que ainda detêm o poder atualmente governam o mais implacável dos capitalismos (na China). *O sucesso do capitalismo chinês liderado pelo comunismo é um sinal agourento de que o casamento entre o capitalismo e a democracia está próximo do divórcio.* O único sentido em que os manifestantes são comunistas é o de se preocuparem com os bens comuns – da natureza, do conhecimento –, ameaçados pelo sistema. Os manifestantes são descartados como sonhadores, mas os verdadeiros sonhadores são os que pensam que as coisas podem continuar indefinidamente como estão, com apenas algumas mudanças cosméticas. Eles não são sonhadores, são o despertar de um sonho que está se transformando em pesadelo. Não estão destruindo nada, estão reagindo ao modo como o sistema gradualmente destrói a si próprio. *Todos nós conhecemos a cena clássica dos desenhos animados: o gato chega a um precipício e continua caminhando, ignorando o fato de não haver chão sob suas patas; ele só começa a cair quando olha para baixo e percebe o abismo. O que os manifestantes estão fazendo é apenas lembrar os que estão no poder de olhar para baixo.*

Essa é a parte fácil. Os manifestantes devem ter cuidado não só com os inimigos, mas também com falsos amigos que fingem apoiá-los e trabalham duro para diluir o protesto. Da mesma forma que tomamos café sem cafeína, cerveja sem álcool e sorvete sem gordura, eles tentarão transformar os protestos num gesto moralista inofensivo. No boxe, o *clinch* é o movimento de abraçar o corpo do oponente com um ou dois braços para prevenir ou evitar socos. A reação de Bill Clinton aos protestos em Wall Street é um exemplo perfeito de *clinch* político; Clinton acha que os manifestantes são, "no final das contas, algo positivo", mas se diz preocupado com a nebulosidade da causa: "eles precisam apoiar algo específico, e não somente ser contra, pois, se você é simplesmente contra, alguém acaba preenchendo o vazio que você criou", disse ele. Clinton sugeriu que os manifestantes apoiassem o plano de empregos do presidente Obama, que, segundo ele, criará "milhões de empregos ao longo do próximo um ano e meio".

Nesta etapa, devemos resistir precisamente a uma tradução assim apressada da energia das manifestações para um conjunto de demandas pragmáticas "concretas". Sim, os protestos realmente criaram um vazio – um vazio no campo da ideologia hegemônica –, e será necessário algum tempo para preenchê-lo de maneira apropriada posto que se trata de um vazio que carrega consigo um embrião, uma abertura para o verdadeiro Novo. A razão de os manifestantes saírem às ruas é que estão fartos de um mundo onde reciclar latinhas de Coca-Cola, dar alguns dólares para a caridade ou comprar *cappuccino* da Starbucks com 1% da renda revertida para os problemas do Terceiro Mundo é o suficiente para se sentir bem. Após a terceirização do trabalho e da tortura, após as agências matrimoniais começarem a terceirizar até nossos encontros, os manifestantes perceberam que por um longo tempo permitiram que seus compromissos políticos também fossem terceirizados – e querem-nos de volta.

A arte da política também é insistir numa exigência particular que, apesar de radicalmente "realista", perturba o núcleo da ideologia hegemônica, *i. e.*, apesar de sem dúvida plausível e legítima, é *de facto* impossível (plano de saúde universal, por exemplo). Logo em seguida aos protestos de Wall Street, nós decididamente deveríamos mobilizar as pessoas por esse tipo de demanda – entretanto, é igualmente importante que permaneçamos ao mesmo tempo *retirados* do campo pragmático das negociações e propostas "realistas". O que se deve ter em mente é que qualquer debate, aqui e agora, necessariamente permanece como um debate no território do inimigo: é preciso tempo para posicionar o novo conteúdo. Tudo o que dissermos neste momento pode ser tomado (ou recuperado) de nós – exceto o nosso silêncio. Tal silêncio, tal rejeição ao diálogo, a todas as formas de *clinch*, são o nosso "terror", agourento e ameaçador como deve ser.

Essa ameaça foi claramente percebida por Anne Applebaum. O símbolo de Wall Street é a estátua de metal de um touro em seu centro – e as pessoas comuns estavam recebendo ultimamente um bom punhado da merda que vinha dali*. Embora a reação padrão de Wall Street fossem os disparates grosseiros esperados, Applebaum propôs no *Washington Post* uma versão mais perfumada e sofisticada, chegando até a fazer referências ao filme *A vida de Brian*, do Monty Python. Uma vez que sua versão negativa do apelo de Clinton por propostas concretas se apresenta como ideologia em seu estado mais puro, ela merece ser citada em detalhe. A base de seu argumento é a constatação de que os protestos ao redor do mundo são:

> similares em sua falta de foco, em sua natureza incipiente e, acima de tudo, em sua recusa a participar das instituições democráticas existentes. Em Nova York, os manifestantes cantaram "essa é a cara da democracia", mas na verdade essa não é a cara da democracia. É a cara da liberdade de expressão. Democracia soa um pouco mais chato. Democracia requer instituições, eleições, partidos políticos, regras, leis, poder judiciário e muitas atividades nada glamorosas e que consomem

* No original, o autor faz um jogo de palavras usando os termos *bull* (touro) e *shit* (merda), que juntos geram a expressão *bullshit* (asneira, disparate). (N. E.)

> o tempo. [...] Até agora, em certo sentido, o fracasso do movimento internacional Occupy em produzir propostas legislativas consistentes é compreensível: tanto as fontes da crise econômica como sua solução residem, por definição, fora da competência de políticos locais e nacionais. [...] A emergência de um movimento internacional de protesto sem um programa coerente não é, portanto, um acidente: reflete uma crise mais profunda, sem soluções óbvias. A democracia é baseada na regra da lei; funciona somente dentro de fronteiras nítidas e entre pessoas que se sentem parte de uma mesma nação. Uma "comunidade global" não pode ser uma democracia nacional. E uma democracia nacional não pode impor a submissão de um fundo de cobertura global [*global hedge fund*] de bilhões de dólares com seus quartéis-generais num paraíso fiscal e seus empregados espalhados ao redor do mundo.

Diferentemente dos egípcios na praça Tahrir, com quem os manifestantes de Londres e Nova York se comparam de maneira aberta (e ridícula), nós temos instituições democráticas no mundo ocidental. Elas são planejadas para refletir, pelo menos de forma grosseira, o desejo de transformação política dentro de uma dada nação. Porém, não podem resolver o desejo de transformação política global, tampouco controlar o que acontece fora de suas fronteiras. Embora eu ainda acredite nos benefícios econômicos e espirituais da globalização – com fronteiras abertas, liberdade de movimento e comércio –, a globalização claramente passou a minar a legitimidade das democracias ocidentais.

Os ativistas "globais", se não forem cuidadosos, acelerarão seu declínio. Manifestantes em Londres gritam "Precisamos de um processo!". Bem, eles já têm um processo: chama-se sistema político britânico. E, se não souberem usá-lo, simplesmente o enfraquecerão.*

* Anne Applebaum, "What the Occupy Protests Tell Us about the Limits of Democracy?", *Washington Post*, 17 out. 2011. Disponível em: www.washingtonpost.com/opinions/what-the-occupy-protests-tell-us-about-the-limits-of-democracy/2011/10/17/gIQAay5YsL_story.html. Acesso em 8 fev. 2012. (N. T.)

A primeira coisa a notar é que Applebaum reduz os protestos da praça Tahir a reivindicações pela democracia de estilo ocidental – feito isso, torna-se obviamente ridículo comparar os protestos de Wall Street com o evento egípcio: como podem os manifestantes daqui reivindicar o que já têm, *i. e.*, instituições democráticas? Portanto, o que se perde de vista é o descontentamento geral com o sistema global capitalista, que, é claro, adquire diferentes formas aqui e ali.

Mas a parte mais chocante da argumentação de Applebaum, uma lacuna realmente estranha, ocorre no final. Depois de reconhecer que as consequências econômicas injustas do capitalismo financeiro global, devido ao seu caráter internacional estão fora do controle dos mecanismos democráticos, por definição limitados aos Estados-nação, ela chega à conclusão necessária de que "a globalização claramente passou a minar a legitimidade das democracias ocidentais". Até aí tudo bem, poderíamos dizer: é precisamente para isto que os manifestantes estão chamando a atenção – para o fato de que o capitalismo global mina a democracia. Mas em vez de tirar a única conclusão lógica, de que devemos começar a pensar em como expandir a democracia para além de sua forma política estatal pluripartidária, o que obviamente não inclui as consequências destrutivas para a vida econômica, ela realiza um estranho giro: transfere a culpa para os próprios manifestantes que começaram a levantar essas questões. Seu último parágrafo merece ser repetido:

> Os ativistas "globais", se não forem cuidadosos, acelerarão seu declínio. Manifestantes em Londres gritam "Precisamos de um processo!". Bem, eles já têm um processo: chama-se sistema político britânico. E se não souberem usá-lo, simplesmente o enfraquecerão.*

Uma vez que a economia global está fora dos limites das políticas democráticas, qualquer tentativa de aproximá-la da democracia apressará o declínio desta. Então, o que podemos fazer? Engajar-nos no sistema político existente o qual, conforme a própria Applebaum, não pode justamente cumprir essa tarefa...

---

* Idem. (N. T.)

Neste momento, deveríamos ir até o fim. Não faltam anticapitalistas hoje, estamos até mesmo testemunhando uma abundância de críticas aos horrores do capitalismo: livros, investigações jornalísticas aprofundadas e reportagens de TV repletos de empresas que poluem cruelmente nosso meio ambiente, de banqueiros corruptos que continuam a receber recompensas gordas enquanto seus bancos têm de ser salvos com dinheiro público, de fábricas clandestinas nas quais crianças fazem hora extra etc., etc. Existe, entretanto, uma armadilha para toda essa abundância de críticas: uma regra não questionada delas, tão cruel quanto possa parecer, é a moldura liberal democrática da luta contra esses excessos. O objetivo (explícito ou implícito) é democratizar o capitalismo, estender o controle democrático para a economia por meio da pressão da mídia, inquéritos parlamentares, leis mais severas, investigações policiais honestas etc., etc. Porém, jamais questionar a moldura institucional democrática do Estado de direito (burguês). Isso continua sendo a vaca sagrada na qual mesmo as formas mais radicais desse "anticapitalismo ético" (o Fórum de Porto Alegre, o movimento de Seattle) não se atrevem a tocar.

É aqui que o principal *insight* de Marx permanece válido, talvez mais do que nunca: para ele, a questão da liberdade não deveria ser localizada em particular na esfera política propriamente dita (o país tem eleições livres? os juízes são independentes? a imprensa é livre de pressões escusas? os direitos humanos são respeitados?, e uma lista similar de diferentes questões que as instituições ocidentais "independentes" – e não tão independentes – aplicam quando querem pronunciar um julgamento sobre determinado país). A chave para a verdadeira liberdade, em vez disso, reside na rede "apolítica" de relações sociais, desde o mercado até a família, em que a mudança necessária, se quisermos melhoria efetiva, não é a reforma política, mas a transformação nas relações sociais "apolíticas" de produção. Não votamos em quem deveria ser o dono do quê, nas relações em uma fábrica etc., tudo isso é deixado para os processos de fora da esfera política, e é ilusório esperar que se possa mudar as coisas "estendendo" a democracia para essa esfera, digamos, organizando bancos "democráticos" sob controle popular.

Mudanças radicais nesse quesito deveriam ser realizadas fora da esfera dos direitos "legais" etc.: em tais procedimentos "democráticos" (que, é claro, podem ter um papel positivo), não importa quão radical seja o nosso anticapitalismo, busca-se a solução na aplicação dos mecanismos democráticos – os quais, não podemos esquecer, são parte do aparato estatal "burguês" que garante o tranquilo funcionamento da reprodução capitalista. Precisamente nesse sentido, Badiou está certo ao afirmar que hoje o nome do pior inimigo não é capitalismo, império, exploração ou algo similar, mas democracia: é a "ilusão democrática", a aceitação dos mecanismos democráticos como a moldura fundamental de toda mudança, que evita a transformação radical das relações capitalistas.

Os protestos de Wall Street estão apenas começando, e é assim que o início deve ser, com um gesto formal de rejeição, mais importante do que um conteúdo positivo – somente um gesto assim abre espaço para um conteúdo novo. Portanto, não devemos ficar aterrorizados pela eterna questão: "Mas o que eles querem?". Recorde que esta é a questão arquetípica dirigida por um mestre masculino a uma mulher histérica: "Todos esses seus lamentos e reclamações – você ao menos sabe o que realmente quer?". No sentido psicanalítico, os protestos são efetivamente um ato histérico, provocando o mestre, minando sua autoridade, e a questão "O que você quer?" procura exatamente impedir a resposta verdadeira. Seu ponto é: "Fale nos meus termos ou se cale!".

Isso, é claro, não significa que os manifestantes devam ser mimados e adulados – hoje, se é que isso é possível, os intelectuais devem combinar o apoio integral aos manifestantes com uma distância analítica fria e não paternalista, começando por sondar a autodesignação dos manifestantes como os 99% contra o ganancioso 1%: quantos dos 99% estão prontos para aceitar os manifestantes como sua voz e até que ponto? Quantos realmente? Deve-se evitar a tentação do narcisismo da Causa perdida, da admiração da beleza sublime dos levantes fadados ao fracasso. Na esquerda atual, o problema da "negação determinada" retorna como uma vingança: que nova ordem positiva deveria substituir a antiga, no dia seguinte, quando o entusiasmo sublime dos levantes tiver acabado? Se olharmos mais detidamente o conhecido manifesto dos Indignados espanhóis (os furiosos), teremos algumas surpresas. Embora toda a classe política, a direita e a esquerda, seja rejeitada como corrupta e dominada pelo desejo de poder, o manifesto ainda assim consiste numa série de demandas dirigidas – a quem? Não às próprias pessoas: os indignados (ainda) não afirmam que ninguém mais agirá além deles, que (parafraseando Gandhi) eles próprios têm de ser a mudança que desejam ver. Parece que o comentário tão fácil e desdenhoso de Lacan sobre as manifestações de 1968 encontrou seu alvo nos indignados: "Como revolucionários, vocês são histéricos que demandam um novo mestre. Vocês o terão"*.

Então, quem sabe? Cara a cara com as demandas dos manifestantes, os intelectuais definitivamente não estão na posição de Sujeito Suposto Saber: não podem operacionalizar tais demandas para traduzi-las em propostas para medidas realistas precisas e detalhadas. Com a queda do comunismo do século XX, eles perderam para sempre o papel da vanguarda que conhece as leis da história e pode guiar os inocentes pelo seu caminho. O povo, entretanto, também não sabe – "povo" no sentido de uma nova figura de Sujeito Suposto Saber é um mito do partido que diz agir em sua causa, desde a linha mestra de Mao, "aprender com os camponeses", até o famoso apelo de Heidegger para seu velho amigo camponês no pequeno texto "Por que permanecemos na província?"**, de 1934, um mês após renunciar como decano da Universidade de Freiburg:

> Recentemente recebi um segundo convite para ensinar na Universidade de Berlim. Naquela ocasião deixei Freiburg e me retirei para minha cabana. Escutei o que as montanhas, a floresta e os fazendeiros diziam e fui ver um velho amigo meu, um camponês de 75 anos. Ele havia lido sobre o convite de Berlim nos jornais. O que ele diria? Devagar, ele fixou com segurança seus olhos claros sobre os meus e, sem abrir a boca, de

---

* Jacques Lacan, *O seminário. Livro XVII: o avesso da psicanálise* (São Paulo, Zahar, 1992). (N. T.)

** Martin Heidegger, "Por que permanecemos na província?", *Cultura Vozes*, "Homenagem a Heidegger", Petrópolis, ano 71, n. 4, 1977. (N. T.)

modo pensativo, apoiou a sua mão leal sobre o meu ombro. Nunca ele balançara a cabeça tão levemente. Isso significava: absolutamente não!

Pode-se apenas imaginar o que o velho camponês estava realmente pensando – é provável que soubesse a resposta que Heidegger queria e, educadamente, providenciou-a. Portanto, a sabedoria do homem comum não dirá aos manifestantes *warum bleiben wir in Wall Street* [por que permanecer em Wall Street]. Não há Sujeito que saiba, e as pessoas comuns ou os intelectuais não o são. Então não seria este um impasse, um cego guiando outro ou, mais precisamente, cada um deles pressupondo que o outro não é cego? Não, porque sua respectiva ignorância não é simétrica: são as pessoas que têm as respostas, elas só não conhecem as perguntas para as quais têm (ou melhor, são) a resposta. John Berger escreveu sobre as "multidões" daqueles que se encontram do lado errado do Muro (que divide os que estão dentro dos que estão fora):

> As multidões têm as respostas para questões que ainda não foram levantadas e a capacidade de sobreviver aos muros. As questões ainda não foram feitas porque isso requer palavras e conceitos que soem verdadeiros, e aqueles usados atualmente para nomear os fenômenos se tornaram insignificantes: democracia, liberdade, produtividade etc. Com novos conceitos, as questões logo serão levantadas, pois a história envolve precisamente esse processo de questionamento. Logo? Em uma geração.

Claude Lévi-Strauss escreveu que a proibição do incesto não é uma questão, um enigma, mas uma resposta a uma pergunta que não conhecemos. Devemos tratar as reivindicações dos protestos de Wall Street de maneira semelhante: intelectuais não devem tomá-las inicialmente como reivindicações e questões para as quais precisam produzir respostas claras e programas sobre o que fazer. Elas são respostas, e os intelectuais deveriam propor as questões para elas. A situação é como a da psicanálise, em que o paciente sabe a resposta (seus sintomas), mas não sabe a que ela responde, e o analista deve formular a questão. Apenas por meio desse trabalho paciente surgirá um programa.

Manifestantes caminham do Parque Zuccotti à sede central da Polícia de Nova York, em protesto contra a brutalidade policial, em setembro de 2011. Foto de David Shankbone.

Occupy Street Walls - ABCNT

# Os "ocupas" e a desigualdade econômica*

João Alexandre Peschanski

O movimento global dos "ocupas" – acampamentos de estudantes e trabalhadores em áreas públicas de centenas de cidades em todo o mundo –, iniciado no segundo semestre de 2011, tem entre suas principais bandeiras a crítica à desigualdade econômica.

De fato, a distribuição de renda e patrimônio em várias sociedades é estarrecedoramente desigual: nos Estados Unidos, de acordo com estudos do governo de 2008, 1% da população controla quase 25% da renda, 15 pontos percentuais a mais do que controlava em 1980. No Brasil, onde se comemora estar próximo ao nível de desigualdade estadunidense, a concentração de riqueza é ainda maior.

* Publicado originalmente nos jornais *Juízes para a Democracia*, n. 55, set.-nov. 2011, e *Brasil de Fato*, n. 457, 1 a 7 dez. 2011. (N. E.)

A crítica dos "ocupas" é especialmente apropriada num contexto global em que a taxa de desemprego é crescente e a parcela da população economicamente vulnerável aumenta: de acordo com a Organização Internacional do Trabalho, a taxa global de desemprego atingiu níveis recordes nos últimos três anos. Os "ocupas" pelo mundo, em particular os de Wall Street, Nova York, onde os protestos começaram em setembro e chegaram a reunir 15 mil pessoas, definem-se como a "mobilização dos 99%", isto é, a parcela da população negativamente afetada pela desigualdade econômica.

O igualitarismo democrático radical, cerne da bandeira dos "ocupas", é um princípio fundamental das tradições intelectuais e correntes políticas progressistas. De maneira ampla, pode ser visto como uma defesa de que todas as pessoas tenham o mesmo acesso a recursos e a capacidade de participar das decisões da sociedade, especialmente das que as afetam. Uma discussão mais profunda desse princípio pode ser encontrada em *As utopias reais**, do pensador estadunidense Erik Olin Wright.

Dois argumentos são geralmente citados a favor da desigualdade econômica. Em primeiro lugar, argumenta-se que, para o sistema econômico se manter produtivo, é preciso gerar incentivos para as pessoas trabalharem e investirem, sustentados na existência de desigualdades. Políticas de redistribuição econômica com essa perspectiva reduzem os incentivos ao trabalho, o que faz com que os pobres não se esforcem para melhorar sua condição de vida e com que se reproduza uma ética do trabalho débil. Os ricos, seguindo essa lógica, têm menos incentivo para investir seus recursos se houver redistribuição, o que leva a uma estagnação da economia. A desigualdade econômica, de acordo com esse primeiro argumento, mantém o dinamismo do sistema produtivo e, como estimula a criação de empregos e uma ética do trabalho forte, beneficia toda a população, ricos e pobres.

Em segundo, argumenta-se que a desigualdade de renda e patrimônio não é necessariamente um indicador de pobreza absoluta, o

---

* São Paulo, Alameda, no prelo. (N. E.)

que de fato gera mazelas sociais. Índices de desigualdade podem indicar uma maioria de pessoas em bons apartamentos e uma minoria em castelos, por exemplo. Ou seja, a desigualdade econômica é, na teoria, compatível com uma sociedade sem carências materiais, e o que realmente importa é dar um mínimo para toda a população.

O primeiro argumento não tem fundamento teórico e comprovação empírica. Não leva em consideração o poder dos diferentes atores no mercado; é o mundo das fábulas dos manuais de economia, os mercados livres, em que ninguém exerce seu poder para enriquecer às custas dos outros e do dinamismo econômico. Mas indivíduos e grupos com o poder de determinar investimentos comandam a base da sobrevivência da maioria da população – o acesso ao emprego – e, abusando de seu poder, bloqueiam políticas de redistribuição. Empiricamente, não há evidência de que o crescimento econômico seja acompanhado de redução da desigualdade econômica, uma das derivações desse argumento.

Para rejeitar o segundo argumento, é preciso provar que a desigualdade econômica tem um efeito negativo independente na sociedade e na economia, isto é, independente do acesso aos bens básicos de consumo. É isso que provam dois estudos recentes, o ensaio "Politics of Inequality" [A política da desigualdade], do sociólogo canadense David Calnitsky, e o livro *The Spirit Level: Why Greater Equality Makes Societies Stronger* [O nivelador: por que mais igualdade fortalece as sociedades], dos cientistas sociais ingleses Richard Wilkinson e Kate Pickett*.

Esses estudos mostram que, em países desenvolvidos, sociedades desiguais tendem a ter taxas piores de expectativa de vida, mortalidade infantil, alfabetização, obesidade, gravidez precoce, transtorno mental, uso de drogas, violência, mobilidade social, participação política e autonomia econômica das mulheres. Isso significa, por exemplo, que, quanto mais desigual a sociedade, maior a proporção de pessoas com transtornos mentais.

* Nova York, Bloomsbury Press, 2010. (N. E.)

A desigualdade econômica mina sistematicamente o funcionamento democrático. Isso ocorre devido a pelo menos dois mecanismos. Primeiro, os ricos têm acesso mais fácil aos tomadores de decisão e capacidade de influenciá-los, de modo legal ou ilegal. Segundo, há um viés nas arenas políticas para atender aos interesses da parcela da população que controla os fluxos de investimento. Isso porque, se não há investimentos, o mercado de trabalho se fragiliza, prejudicando os trabalhadores (menos emprego) e onerando o Estado (menos arrecadação de impostos e mais repasses a políticas sociais). Mesmo em sistemas democráticos, propostas políticas que não atendem aos interesses dos ricos são muitas vezes deixadas de lado, por mais que gerem benefícios reais à sociedade.

Os "ocupas" põem na pauta política justamente a discussão de alternativas aos regimes econômicos desiguais e a experimentação do igualitarismo democrático radical. E, com exceção dos ricos, que de fato saem perdendo, participar dessa discussão é do interesse de toda a população.

Estudiantes - Eneko

# Ocupar Wall Street... e depois?*

Giovanni Alves

O M12M, Movimento 12 de Março ou Geração à Rasca, em Portugal, o M15M, Movimento 15 de Março ou Movimento dos Indignados, na Espanha, e o Occupy Wall Street, nos Estados Unidos, surgem no bojo da aguda crise financeira que atinge o núcleo orgânico do capitalismo global desde 2008. O Occupy Wall Street foi inspirado nos movimentos sociais europeus como o M15M, que por sua vez foram influenciados pelas rebeliões de massa que impulsionaram a Primavera Árabe e derrubaram governos na Tunísia e no Egito.

A profunda crise do subprime de 2008 afetou seriamente os países norte-africanos, piorando os níveis de pobreza, e teve como estopim a elevação do preço dos alimentos e de outros produtos básicos. A

* Publicado originalmente no site da *Carta Maior* (www.cartamaior.com.br/templates/materiaMostrar.cfm?materia_id=18687), em 13 out. 2011. (N. E.)

multidão árabe, composta em sua maioria por jovens com trabalhos precários ou desempregados, mobilizou-se por meio das redes sociais.

Em todos esses novos movimentos, o papel das redes sociais, como Facebook e Twitter, na organização das manifestações foi importante. Na verdade, o Occupy Wall Street, o Movimento dos Indignados e o movimento Geração à Rasca são exemplos candentes da verdadeira globalização "dos de baixo", que hoje se contrapõe à globalização dos "de cima".

Podemos salientar algumas das características desses novos movimentos sociais. Primeiro, constituem-se de densa e complexa diversidade social, exprimindo a universalização da condição de proletariedade (os 99%). No caso europeu, muitos dos manifestantes são jovens empregados, operários precários, trabalhadores desempregados e estudantes de graduação subjugados pelo endividamento e inseguros quanto ao seu futuro – eles constituem o denominado "precariado"; incluem-se também, no caso do Occupy Wall Street, veteranos de guerra, sindicalistas, pobres, profissionais liberais, anarquistas, *hippies*, juventude desencantada, trabalhadores organizados etc.

Entre milhares de pessoas, encontram-se, lado a lado, por exemplo, jovens anticapitalistas e enfermeiras em defesa do sistema de saúde. Há cartazes de protesto contra o racismo, o presidente Obama, os republicanos, os democratas, a fome, as guerras no Iraque e no Afeganistão.

Em contrapartida, defendem-se os direitos dos trabalhadores e dos prisioneiros em greve de fome, a cobrança de mais impostos para os milionários e a reestruturação do sistema financeiro. No Movimento dos Indignados, por exemplo, a "democracia real" também é defendida. Enfim, trata-se do denso e vasto continente do novo (e precário) mundo do trabalho e da proletariedade extrema que emerge no bojo dos "trinta anos perversos" de capitalismo neoliberal.

Segundo, são movimentos sociais pacíficos que recusam a adoção de táticas violentas e ilegais, evitando, desse modo, a criminalização. Os manifestantes têm profunda consciência moral e senso de justiça social, o que explica o uso do termo "indignados" (a crítica do capitalismo hoje implica, no plano da consciência contingente, um vetor intelectual-moral radical capaz de mobilizar o conjunto da "multidão" de proletários que se veem ultrajados em sua dignidade humana).

Terceiro, utilizam redes sociais, como Facebook e Twitter, ampliando a área de intervenção territorial e a mobilização social. Produzem sinergias sociais em rede, tecendo estratégias de luta territorial num cenário de crise social ampliada. Há tempos o MST (Movimento dos Trabalhadores Sem Terra), no Brasil, e o Zapatismo, no México, valem-se de estratégias de ocupação como tática de luta e visibilidade social. Eles nos ensinaram que, hoje, a luta contra o capital global que desterritorializa é a luta pela territorialização ampliada, difusa e descentrada (os novos movimentos sociais não têm um líder).

Quarto, são movimentos sociais capazes de inovar e ter criatividade política na disseminação de seus propósitos de contestação social. Por exemplo, os manifestantes do Occupy Wall Street vestiram-se de zumbis corporativos para expor o caráter da ordem burguesa em sua etapa de crise estrutural, ou ainda, em virtude da proibição de utilizar megafones, a multidão mais próxima dos oradores repetia suas frases para que os mais distantes pudessem ouvi-las e, por sua vez, repeti-las também. É o "microfone humano".

Quinto, expõem, com notável capacidade de comunicação e visibilidade, as misérias da ordem burguesa no polo mais desenvolvido do sistema, apodrecido pela financeirização da riqueza capitalista. A luta social anticapitalista hoje é a luta para revelar as contradições candentes do sistema. No capitalismo manipulatório, a regra é a ocultação das misérias da ordem burguesa. Os indignados europeus e norte-americanos, no entanto, expõem e criticam a concentração de riqueza (eles dizem representar os 99% contra o 1%) e a precariedade do trabalho e da vida – e, principalmente, desmitificam a democracia ocidental.

Sexto, os novos movimentos dos indignados, incluindo o Occupy Wall Street, reivindicam a democratização radical contra a farsa democrática dos países capitalistas centrais. Têm a intenção de "*agrietar*"*

---

* Em espanhol, rachar, abrir uma fenda. (N. E.)

o capitalismo, isto é, fazer rachaduras no capitalismo global (expressão utilizada por John Holloway em seu último livro*). Rachaduras que podem dar visibilidade ao "inferno do Real". De certo modo, e sem o saber, os indignados buscam "negar" o capitalismo no interior dele próprio. Na medida em que ocorre a democratização radical da sociedade, desefetiva-se o Estado político do capital. Entretanto, esses novos movimentos da proletariedade extrema são, como a esfinge da mitologia grega, uma incógnita social. Enfim, dizem eles: "decifra-me ou devoro-te".

O detalhe crucial que podemos salientar das características indicadas acima é que esses são movimentos democráticos de massa e ocorrem em países capitalistas sob o Estado de direito democrático – o que não era o caso, por exemplo, da Tunísia e do Egito. A ampliação do desemprego e da precariedade social no decorrer da década de 2000 nos EUA e na União Europeia, sobretudo a partir da crise financeira de 2008, impulsionou o radicalismo das massas de jovens (e velhos) precários e indignados com governos social-democratas e conservadores, incapazes de deter o "moinho satânico" do capitalismo global. Portanto, os novos movimentos sociais são reverberações radicais do capitalismo financeiro senil.

A crise financeira de 2008 expôs a mediocridade do governo democrata de Barak Obama, que frustrou muitos norte-americanos que acreditaram que ele deteria a hegemonia financeira na política do país. A crise da dívida soberana de 2010 e a crise financeira da zona do euro expuseram a venalidade dos partidos social-democratas e socialistas nos elos mais fracos da União Europeia. Os partidos hegemônicos da esquerda europeia aceitaram a política neoliberal de austeridade da *troika* (FMI, Comissão Europeia e Banco Central Europeu), aplicada com zelo e fervor pela direita conservadora (o caso da Grécia e de Portugal é paradigmático!).

Na verdade, a crise do "núcleo orgânico" do sistema mundial do capital diz respeito não apenas à crise financeira decorrente do estouro da bolha imobiliária em 2008 e à crise da dívida soberana europeia em 2010 em virtude da incontinência fiscal de alguns países europeus, ou

---

* *Crack Capitalism* (Londres, Pluto Press, 2010). (N. E.)

mesmo à crise social ocasionada pela ampliação do desemprego e da precariedade laboral no bojo da corrosão do Estado social europeu que, diga-se de passagem, precede a crise financeira: a crise do nosso tempo histórico é também, e principalmente, a crise política dos partidos da ordem burguesa, partidos conservadores-liberais e social-democratas ou socialistas que, nas últimas décadas, constituíram uma rede de interesses promíscuos com a grande finança especulativo-parasitária, iludindo, o tempo todo, seus eleitores incautos.

Simultaneamente, vislumbramos a crise do pensamento crítico corroído pelo pós-modernismo e neopositivismo. No caso do continente europeu, berço do iluminismo ocidental, essa crise intelectual-moral é dramática. Na medida em que renunciou, em sua maioria, à crítica radical do capitalismo a título da crença na possibilidade do "capitalismo ético" capaz de articular bem-estar social com interesses de acumulação de valor, a inteligência europeia hoje, com honrosas exceções, encontra-se como os personagens divagantes do romance *Ensaio sobre a cegueira*, de José Saramago. Como disse Slavoj Žižek, "falta-lhes a tinta vermelha!"*. Ao mesmo tempo, no cenário político da crise europeia, o ilusionismo da esquerda social-democrata ou socialista só é comparável ao cinismo dos conservadores de direita na preservação incólume da ordem burguesa.

Os novos movimentos sociais que ocorrem no bojo do capitalismo senil têm o sentido radical dos carecimentos vinculados à condição de proletariedade e à vida reduzida de amplos contingentes de jovens órfãos de futuridade. Os jovens indignados nos obrigam a refletir sobre as formas e metamorfoses da consciência social. Eles representam um cadinho complexo e rico de formas de consciência crítica que emergem no estado de barbárie social.

Num primeiro momento, a presença da massa de jovens e velhos rebeldes nas ruas e praças nos fascina. Há o fervor em reconquistar de maneira coletiva e pacífica territórios urbanos, praças e largos, verda-

---

* Ver blog da Boitempo: www.boitempoeditorial.wordpress.com/2011/10/11/a-tinta-vermelha-discurso-de-slavoj-zizek-aos-manifestantes-do-movimento-occupy-wall-street/. (N. E.)

deiros espaços públicos marginalizados pela lógica neoliberal privatista que privilegiou não espaços de manifestação social, mas espaços de consumo e fruição intimista. O que assistimos hoje nos EUA e na Europa é quase uma catarse coletiva. Trata-se de individualidades pulsantes de indignação e rebeldia criativa, cada uma com suas preocupações e dramas humanos singulares de homens e mulheres proletários; com seus sonhos e pequenas utopias pessoais capazes de dar um sentido à vida por meio da ressignificação do cotidiano como espaço de reivindicação coletiva de direitos usurpados.

Os novos movimentos sociais, a princípio, não incorporam utopias grandiosas de emancipação social que exijam clareza político-ideológica. Pelo contrário, eles expressam, em sua diversidade e amplitude de expectativas políticas, uma variedade de consciência social crítica capaz de dizer "não" e mover-se contra o *status quo*. Possuem, em sua contingência irremediável de movimento social, um profundo lastro moral do impulso crítico. Como indignados, eles fazem, mas não o sabem (como diria Marx). No plano contingente, efetuam uma crítica radical do capitalismo como modo de produção da vida social. Mas não podemos considerá-los, a rigor, movimentos sociais anticapitalistas. Na verdade, o que predomina entre os manifestantes é um modo de consciência contingente capaz de expor, com indignação moral, as misérias do sistema sociometabólico do capital, mas sem identificar suas causalidades histórico-estruturais (o que não significa que não haja os mais diversos espectros de ativistas anticapitalistas).

Os movimentos sociais agem no plano da cotidianidade insubmissa, rompendo com a pseudoconcreticidade paralisante da rotina sistêmica, mas permanecendo no esteio da vida cotidiana. Talvez falte--lhes clareza do próximo passo ou do elo mais próximo da corrente de indignação coletiva que clama, por exemplo, pela democracia real. Por isso nos interrogamos: Ocupar Wall Street... e depois?

Entretanto, acreditamos que a função heurística magistral dos novos movimentos sociais é tão somente expor as misérias da ordem burguesa senil. Mobilizam múltiplas expectativas, aspirações de consumo e sonhos da boa vida, projetando no movimento coletivo fantasias pretéritas, presentes e futuras de emancipação social ainda não bem discernidas. Talvez eles representem o espectro indefinido e nebuloso do comunismo, que, como o fantasma do pai de Hamlet, anuncia que há algo de podre no Reino da Ordem Burguesa.

Ora, como cientistas sociais (e não apenas ativistas), temos de analisar os novos movimentos com objetividade e na perspectiva da lógica dialética capaz de apreender a riqueza do movimento contraditório do real. Aviso aos navegantes pós-modernos: hoje, mais do que nunca, o método dialético tornou-se indispensável no exercício da crítica social. Passa a ser imprescindível apreender, no movimento do real, a dialética candente entre subjetividade e objetividade, alcances e limites, contingência e necessidade, barbárie e civilização. Não podemos ser apenas seduzidos pelo fascínio da contingência indignada nas praças e ruas. Os novos movimentos sociais de indignados compõem o quadro da barbárie que impregna a ordem burguesa do mundo, abrindo um campo de sinistras contradições sociais que dilaceram por dentro a ordem do capital – mas são incapazes, em si e por si, de ir além.

Nessas circunstâncias críticas, surgem interrogações candentes que nos afligem irremediavelmente:

(1) Terão os movimentos sociais de indignados capacidade de elaborar em si e para si uma plataforma política mínima capaz de exercitar a hegemonia social e cultural, preparando-se para uma longa "guerra de posição" e acumulando forças sociais e políticas sob o cenário da barbárie social e do capitalismo manipulatório?

(2) Terão eles possibilidade de criar condições efetivas (político-ideológicas) para o surgimento de novas organizações de classe, capazes de traduzir, no plano da institucionalidade democrática, as medidas necessárias para a realização dos anseios dos indignados, sob pena da frustração irremediável? (É importante lembrar, como nos alerta Boaventura de Sousa Santos, que o colapso de expectativas é o esteio do fascismo social.)

(3) Até que ponto movimentos sociais como o Occupy Wall Street e o dos Indignados europeus terão a densidade histórica necessária para derrubar ou pautar governos, refundar ou enterrar partidos, fortalecer ou descartar lideranças?

(4) Finalmente, até que ponto seriam eles efetivamente capazes de fazer história numa perspectiva para além do capitalismo que, em si e para si, é incapaz de incorporar as demandas sociais do precariado, tendo em vista a nova fase do capitalismo histórico imerso em contradições sociais intensas?

Estamos diante de impasses históricos inéditos. Por um lado, o aprofundamento da crise social na década de 2010 na Europa e nos EUA e as perspectivas de guerra – desta vez contra o Irã – e de recessão global, por outro, a falta de estratégia de poder e antipoder dos movimentos sociais, o extremismo conservador e a hesitação (e mediocridade política) de partidos políticos da esquerda social-democrata e socialista colocam-nos diante de um caldo ameaçador de fascismo político sob o pano de fundo da barbárie social.

Não podemos subestimar, num cenário desses, a capacidade de resposta reacionária do *establishment*. É ingenuidade política acreditar que o Estado burguês não utilizará mecanismos de administração policial, no tempo certo, que visem isolar os novos movimentos sociais conforme eles se ampliam, que não os tornará invisíveis, por meio da mídia, caso se torne necessário (há uma intensa batalha midiática ocorrendo em todo o mundo!) ou então que não irá dissuadi-los e absorvê-los com concessões residuais capazes de preservar a ordem burguesa. No limite, pode simplesmente reprimi-los, a título de manter a ordem pública, com o apoio da "classe média" perplexa e amedrontada pela ameaça do terrorismo autoinduzido do estado de exceção.

A crise do capitalismo global colocará para a humanidade, sob pena levá-la à ruína, a necessidade do controle social, capaz de responder aos carecimentos radicais apontados pelos movimentos sociais que ocupam espaços públicos do mundo do capital e lutam contra o estado de barbárie social do capitalismo global em sua fase senil. Como diria o velho barbudo: "*Hic Rhodus, hic salta!*"*

* "Aqui é Rodes, salta aqui mesmo!" Citação de Esopo modificada por Marx em *O 18 de brumário de Luís Bonaparte* (São Paulo, Boitempo, 2011), p. 30. (N. E.)

Capitalism's Foot Soldiers - David Lester

# Chega de chiclete*

Mike Davis

Quem poderia prever o Occupy Wall Street e a sua repentina proliferação, ao estilo de uma planta selvagem, em cidades grandes e pequenas? John Carpenter previu. Há quase 25 anos (1988), o mestre do terror (*Halloween*, *A Coisa* etc.) escreveu e dirigiu *Eles Vivem*, retratando a Era Reagan como uma catastrófica invasão alienígena. O filme continua sendo seu *tour de force*. Aliás, quem poderia esquecer as primeiras cenas brilhantes em que uma grande periferia terceiro-mundista é refletida ao longo de uma autoestrada nos arranha-céus espelhados de Bunker Hill, em Los Angeles? Ou da maneira como Carpenter retrata banqueiros milionários e midiocratas cruéis dominando a pulverizada classe trabalha-

* Traduzido por Rogério Bettoni a partir de "No More Bubble Gum", publicado originalmente no *Los Angeles Review of Books* (http://lareviewofbooks.org/post/11725867619/no-more-bubble-gum), em 21 out. 2011. Disponível também em: www.boitempoeditorial.wordpress.com/category/colaboracoes-especiais/mike-davis. (N. E.)

dora dos Estados Unidos, que vive em barracas numa encosta cheia de entulhos e implora por trabalhos temporários?

Partindo dessa igualdade negativa entre falta de moradia e desesperança, e graças aos óculos escuros mágicos encontrados pelo enigmático Nada (personagem interpretado por Roddy Piper), o proletariado finalmente alcança a unidade inter-racial, não se deixa enganar pelas fraudes subliminares do capitalismo e fica furioso. Extremamente furioso. Sim, eu sei, estou adiantando as coisas. O movimento Occupy the World ainda procura seus óculos mágicos (programa, demandas, estratégia e assim por diante), e sua fúria permanece baixa, em estado gandhiano. Mas, como previu Carpenter, basta arrancar um número suficiente de cidadãos norte-americanos de suas casas e/ou carreiras (ou pelo menos atormentar dezenas de milhões com essa possibilidade) para que algo novo e de grandes proporções comece a se dirigir de modo lento e cambaleante ao Goldman Sachs. E, ao contrário do Tea Party, até agora não há fios de marionete. Um dos fatos mais importantes sobre a revolta atual é simplesmente que ela ocupou as ruas e criou uma identificação espiritual com os desabrigados.

Para ser franco, a minha geração, educada no movimento dos direitos civis, teria pensado em ocupar primeiro os prédios e esperar que a polícia colocasse todos nós porta afora na base de cacetadas. (Hoje, os policiais preferem gás de pimenta e "técnicas não letais".) Em 1965, quando eu tinha apenas dezoito anos e participava da equipe nacional do movimento Students for a Democratic Society [Estudantes para uma Sociedade Democrática], planejei uma ocupação do Chase Manhattan Bank, considerado "parceiro do *apartheid*" por conta de seu papel central no financiamento da África do Sul depois do massacre de manifestantes pacíficos. Foi o primeiro protesto em Wall Street em uma geração.

Ainda acho que tomar o comando dos arranha-céus é uma ideia esplêndida, mas para um estágio mais avançado da luta. Até o momento, a genialidade do Occupy Wall Street é o fato de ter libertado alguns dos imóveis mais caros do mundo e transformado uma praça privada em um magnético e catalisador espaço público de protestos.

Nossa ocupação há 46 anos foi uma incursão de guerrilheiros; a de agora é uma Wall Street sob o cerco dos liliputianos. Também é o triunfo do princípio supostamente arcaico do cara a cara, da organização dialógica. As mídias sociais são importantes, é claro, mas não onipotentes. O sucesso da auto-organização dos ativistas – a cristalização da vontade política a partir do livre debate – continua sendo melhor nos fóruns urbanos da realidade. Dito de outra forma, a maior parte das nossas conversas na internet equivale a ensinar a missa ao vigário; até mesmo megasites como o *MoveOn.com* são voltados para um grupo de já convertidos, ou pelo menos para seu provável grupo demográfico.

As ocupações também são para-raios, acima de tudo, para as menosprezadas e alienadas tropas dos democratas, mas, além disso, elas parecem estar derrubando barreiras de geração, proporcionando as bases comuns, por exemplo, para que os ameaçados professores de meia-idade que trabalham na educação básica troquem ideias com jovens graduados empobrecidos.

De maneira ainda mais radical, os acampamentos tornaram-se lugares simbólicos para reparar as divisões dentro da coalizão do New Deal impostas nos anos do governo Nixon. Como observa Jon Wiener em seu sempre perspicaz blog *TheNation.com*, "operários e *hippies* – juntos, finalmente".

De fato. Quem não se comoveu quando o presidente da AFL-CIO*, Richard Trumka – que trouxe mineiros de carvão para Wall Street em 1989 durante uma greve cruel, mas bem-sucedida, contra a Pittston Coal Company –, convocou seus homens e mulheres robustos para "montar guarda" no Zuccotti Park, em vista do esperado ataque da polícia de Nova York?

Ainda que velhos radicais como eu sejam propensos a declarar como messias qualquer recém-nascido, essa criança tem o sinal do arco-íris. Acredito que estamos vivenciando o renascimento das qualidades que definiram de modo tão marcante as pessoas comuns da geração de meus pais (migrantes e grevistas da crise de 1929): uma compaixão e solidariedade

* American Federation of Labor/Congress of Industrial Organizations [Federação Americana do Trabalho/Congresso de Organizações Industriais]. (N. E.)

generosas e espontâneas baseadas em uma ética perigosamente igualitária. Pare e dê carona a uma família. Jamais fure uma greve trabalhista, mesmo se sua família não puder pagar o aluguel. Compartilhe seu último cigarro com um estranho. Roube leite quando não houver para seus filhos e dê metade para as crianças do vizinho (isso foi o que minha própria mãe fez repetidas vezes em 1936). Ouça atentamente às pessoas sábias de verdade, que perderam tudo menos a dignidade. Cultive a generosidade do "nós".

O que quero dizer, suponho, é que me sinto extremamente impactado por aqueles que se juntaram para defender as ocupações apesar das diferenças significativas de idade, classe social e raça. E, da mesma maneira, adoro as crianças inquietas que estão prontas para encarar o próximo inverno e passar frio nas ruas, assim como seus irmãos e irmãs desabrigados.

Mas voltemos à estratégia: qual o próximo elo na corrente (no sentido de Lenin) que precisa ser apreendido? Até que ponto é imperativo para as plantas selvagens formar uma convenção, assumir demandas programáticas e, dessa forma, colocar a si próprias no leilão das eleições de 2012? Obama e os democratas vão certamente, e talvez desesperadamente, precisar de sua energia e autenticidade.

Mas é improvável que os "ocupas" coloquem à venda a si mesmos ou ao seu extraordinário processo de auto-organização. Pessoalmente, tendo para a posição anarquista e seus imperativos óbvios.

Primeiro, exponham a dor dos 99%, levem Wall Street a julgamento. Tragam Harrisburg, Laredo, Riverside, Camden, Flint, Gallup e Hooly Springs para o centro financeiro de Nova York. Confrontem os predadores com suas vítimas. Um tribunal nacional sobre o genocídio econômico.

Segundo, continuem a democratizar e ocupar produtivamente o espaço público (isto é, reivindicar os bens comuns). O veterano historiador e ativista Mark Naison, do Bronx, propôs um plano arrojado para transformar os espaços degradados e abandonados de Nova York em recursos de sobrevivência (jardins, áreas de acampamento, *playgrounds*) para desabrigados e desempregados. Os manifestantes do Occupy em todo o país agora sabem como é ser um desabrigado e não poder dormir em parques ou em uma barraca. Mais uma razão para arrebentar as amarras e escalar os muros que separam o espaço não usado das necessidades humanas urgentes.

Terceiro, fiquem atentos à verdadeira recompensa. A grande questão não é subir os impostos dos ricos ou realizar uma melhor regulamentação dos bancos. Trata-se da democracia econômica – o direito de as pessoas comuns tomarem macrodecisões sobre investimento social, taxas de juros, fluxo de capital, criação de empregos, aquecimento global e afins. Se o debate não for sobre o poder econômico, ele é irrelevante.

Quarto, o movimento deve sobreviver ao inverno para combater o poder na próxima primavera. As ruas são frias em janeiro. Bloomberg e todos os outros prefeitos e autoridades locais estão contando com um inverno rigoroso para acabar com os protestos. Por isso é muito importante reforçar as ocupações durante as férias de Natal. Vistam seus casacos.

Por fim, precisamos nos acalmar – o itinerário do protesto atual é totalmente imprevisível. Mas, quando se ergue um para-raios, não deve causar surpresa que afinal caia um relâmpago.

Banqueiros entrevistados recentemente pelo *The New York Times* parecem considerar os protestos do Occupy pouco mais do que um incômodo baseado, segundo eles, numa compreensão rudimentar do setor financeiro. Eles deveriam ser mais humildes. Na verdade, deveriam tremer diante da imagem da carreta de munições*. Quatro milhões e meio de empregos na área industrial foram perdidos nos Estados Unidos desde 2000, e uma geração inteira de recém-graduados encara agora a mais alta mobilidade descendente da história do país. Desde 1987, afro-americanos perderam mais da metade de seu patrimônio líquido; os latinos, inacreditáveis dois terços.

Arruinar o sonho americano e as pessoas comuns será extremamente prejudicial para vocês. Ou, como Nada explica aos agressores imprudentes no excelente filme de Carpenter: "Vim aqui para mascar chiclete e quebrar tudo... e meus chicletes acabaram"**.

---

* No original, *tumbril*, equivalente inglês à *charrette* francesa: carroça usada por camponeses – durante as guerras, foi bastante utilizada para transportar munições e, na Revolução Francesa, serviu também para conduzir os prisioneiros à guilhotina. (N. E.)

** *Eles Vivem* (*They Live*), filme de 1988 dirigido por John Carpenter. (N. E.)

Acampamento do movimento Occupy London na praça Finsbury, Londres, em novembro de 2011. Foto de Alan Denney.

Deco Ballerina - Camila Schindler de Souza

# Amar uma ideia[1]

Vladimir Safatle

*Que tempos são estes,/ em que uma conversa*
*é quase um crime,/ por incluir/ o já explícito?*
Paul Celan, "Uma folha, desarvorada, para Bertolt Brecht"

## O espaço do universal

O que vocês estão fazendo aqui? Essa me parece uma boa maneira de começar. Até porque não são poucos os que dizem que vocês não sabem a resposta. Mas, para mim, se há alguém que sabe o que faz são vocês. Na verdade, vocês são peças da engrenagem

[1] Transcrição de uma conferência improvisada no Vale do Anhangabaú, em outubro de 2011, a pedido de estudantes que se mobilizaram através do movimento Ocupa Sampa. O texto guarda seu caráter oral, acrescido em alguns pontos, para esta edição, de trechos que escrevi sobre as manifestações de 2011.

que se montou de maneira completamente inesperada e imprevisível em várias partes do mundo. Existem certos momentos na história em que um acontecimento aparentemente localizado, regional, tem a força de mobilizar uma série de outros processos que se desencadeiam em diversas partes do mundo. Ou seja, as ideias, quando começam a circular, desconhecem as limitações do espaço, pois têm a força para construir um novo. E, de certa forma, vocês aqui são peças de uma ideia que aos poucos constrói um novo espaço por meio dessas mobilizações mundiais em cidades como Nova York, Cairo, Túnis, Madri, Roma, Santiago e agora São Paulo.

Lembro-me de um exemplo que expõe claramente a maneira como uma ideia pode ignorar seu espaço original. No início do século XIX, Napoleão enviou tropas à colônia do Haiti. O objetivo era retomar o poder da mão de escravos rebelados comandados por Toussaint L'Ouverture e, com isso, reinstaurar a escravidão. Num estudo clássico, Cyril James conta o momento em que os soldados franceses, imbuídos dos ideais da Revolução Francesa, ouvem a "Marselhesa" ser cantada por seus oponentes, os negros. Desnorteados, os franceses se perguntam como era possível ouvir sua própria voz vinda do outro lado da batalha. Afinal, contra quem eles estavam lutando, a não ser contra seus próprios ideais?*

Aquela experiência foi decisiva para quebrar-lhes o espírito de combate. A derrota foi uma consequência natural. Esse pequeno fato histórico nos ensina o que acontece quando uma ideia encontra seu próprio tempo e constrói um novo espaço. Ela demonstra que estava presente em vários lugares, à espera do melhor momento para dizer claramente seu nome. Quando os franceses ouvem sua própria música vinda do campo inimigo, eles, no fundo, descobrem que não são seus verdadeiros autores. Quem a compôs foi uma ideia que usa os povos para se expressar. Quando isso fica evidente, um momento histórico se abre, impulsionado pela efetivação de exigências de universalidade.

---

* C. L. R. James, *Os jacobinos negros* (São Paulo, Boitempo, 2000). (N. E.)

Esta é a força impressionante das ideias: elas explodem contextos, dão novas configurações para uma relação radical e fundamental de igualdade. Mas por que é interessante lembrar disso agora? Talvez porque, de certa maneira, seja o que vocês fazem aqui. Vocês procuram fazer com que uma ideia que apareceu inicialmente em um lugar determinado – mais precisamente, na Tunísia, com suas manifestações populares contra a ditadura Ben Ali, animadas por *slogans* como "O povo exige" – comece a circular de forma tal que possa mobilizar populações absolutamente dispersas e diferentes em torno de uma noção central. A noção de que "nossa democracia não existe ainda, nossa democracia ainda não chegou, nós ainda esperamos uma democracia por vir".

## Democracia por vir

O regime que nos governa pode não ser uma ditadura nem um sistema totalitário, mas ainda não é uma democracia. E nenhum de nós quer viver nesse limbo, no purgatório entre um regime de absoluto autoritarismo e uma democracia esperada. Não queremos uma democracia em processo contínuo, incessante, de degradação, que já nasce velha. Por isso, quando as manifestações de ocupação insistem que ainda falta muito para alcançarmos a democracia real, elas colocam uma questão que até o momento não podia ter direito de cidadania, porque nos ensinaram que, se criticarmos a democracia parlamentar tal como ela funciona hoje, estaremos, no fundo, fazendo a defesa de alguma forma velada de autoritarismo. Quantos não se comprazem em nos olhar e dizer: o que vocês querem? Vocês não querem um Estado democrático de direito? Então vocês querem o quê?

No entanto, se há algo que a verdadeira política democrática nos exige é só falar de democracia no tempo futuro, só falar de democracia como democracia por vir. Quando se acredita que a democracia já está realizada no nosso ordenamento jurídico, já está realizada no nosso Estado, na situação social presente, então todas as imperfeições do presente ganham o peso da eternidade, aparentam ser eternas e impossíveis de superar. Na verdade, parece ser criminoso tentar superá-las sem respeitar os procedimentos jurídico-normativos criados, na maioria das vezes, exatamente para que nenhuma superação real seja efetiva.

É essa consciência de que as imperfeições do presente ganharam o peso da eternidade que levou manifestantes no Reino Unido, na Espanha e na França a exigirem "democracia real". Vocês podem se perguntar o que há de fictício na democracia de países que aprendemos a ver como exemplos de sistemas políticos consolidados. Por que largas parcelas de sua população compreendem que há algo no jogo democrático aparentemente reduzido exatamente à condição de mero jogo?

Talvez os manifestantes tenham entendido que a democracia parlamentar é incapaz de impor limites e resistir aos interesses do sistema financeiro. Ela é incapaz de defender as populações quando os agentes financeiros começam a operar, de modo cínico, claro, a partir dos princípios de um capitalismo de espoliação dos recursos públicos. Não é por outra razão que se ouve, cada vez mais, a afirmação de que a alternância de partidos no poder não implica mais alternativas de modelos de compreensão dos conflitos e políticas sociais. Por isso, o cansaço em relação aos partidos tradicionais não é sinal do esgotamento da política. Na verdade, é o sintoma mais evidente de uma demanda de política, de uma demanda de politização da economia.

Em momentos assim, devemos lembrar que a democracia parlamentar não é o último capítulo da democracia efetiva. A Islândia tem algo a nos ensinar sobre isso. Um dos primeiros países atingidos pela crise econômica de 2008, a Islândia decidiu que o uso do dinheiro público para indenizar os bancos seria objeto de plebiscito. Maneira de recuperar um conceito decisivo, mas bem esquecido, da democracia: a soberania popular. O resultado foi o apoio massivo ao calote.

Mesmo sabendo dos riscos de tal decisão, o povo islandês preferiu realizar um princípio básico da soberania popular: quem paga a orquestra escolhe a música. Se a conta vai para a população, é ela quem deve decidir o que fazer, e não um conjunto de tecnocratas que terão seu emprego garantido nos bancos ou de parlamentares cujas campanhas são financiadas por estes. Como disse o presidente islandês Ólafur Ragnar Grímsson: "A Islândia é uma democracia, não um sistema financeiro". O interessante é que, com isso, saiu-se dos impasses da democracia parlamentar para dar um passo decisivo em direção a uma democracia plebiscitária capaz de institucionalizar a manifestação necessária da soberania popular.

É tal processo que nos situa nas vias de uma democracia real. Ele é a condição primeira para sair da crise, pois a verdadeira questão que esta nos coloca é política: "Que regime político é esse que permitiu tamanho descalabro na calada da noite?".

## Pensar é a melhor maneira de agir

No entanto, ao colocar questões dessa natureza é necessário de fato estar disposto a discutir. Esse é um ponto extremamente interessante, porque quando vocês afirmam "nós queremos discutir", outros logo respondem "eis a prova de que eles não sabem o que querem". Por exemplo, observem que interessante, quem passa por aqui não vê nenhuma palavra de ordem, nenhuma proposta no sentido forte do termo, "nós queremos isso, isso e isso!". Em princípio, pode parecer um problema, mas eu diria que se trata de uma grande virtude.

Atualmente, boa parte da imprensa mundial gosta de transformá-los em caricaturas, em sonhadores vazios sem a dimensão concreta dos problemas. Como se esses arautos da ordem tivessem alguma ideia realmente sensata de como sair da crise atual. Na verdade, eles nem sequer sabem quais são os verdadeiros problemas, já que preferem, por exemplo, nos levar a crer que a crise grega não é o resultado da desregulamentação do sistema financeiro e de seus ataques especulativos, mas da corrupção e da "gastança" pública. Nesse sentido, nada mais inteligente do que uma pauta que afirme: "Queremos discutir".

Trata-se de dizer que, após décadas de repetição compulsiva de esquemas liberais de análise socioeconômica, não sabemos mais pensar e usar a radicalidade do pensamento para questionar pressupostos, reconstruir problemas, recolocar hipóteses na mesa. Mas, com o objetivo de encontrar uma verdadeira saída, devemos primeiro destruir as pseudocertezas que limitam a produtividade do pensamento. Quem não pensa contra si nunca ultrapassará os problemas nos quais se enredou.

Isso é o que alguns realmente temem: que vocês aprendam a força da crítica. Quando perguntam "afinal, o que vocês querem?", é só para dizer, após ouvir a resposta, "mas vocês estão loucos". Porém, toda grande ideia apareceu, para os que temem o futuro, como loucura.

Se vocês me permitem, eu gostaria de fazer um pequeno parêntese em direção à história da filosofia. Em *Carta sobre o humanismo**, Martin Heidegger é confrontado com uma pergunta a respeito da relação entre pensamento e práxis. Marx já dissera que a função da filosofia era transformar o mundo, e não simplesmente interpretá-lo**. Heidegger faz um adendo de rara precisão: "O pensamento age quando pensa".

Esse agir próprio ao pensamento talvez seja o mais difícil e decisivo. Não se trata da velha crença de o pensamento ser, no fundo, um subterfúgio contra a ação, uma compensação quando não somos capazes de agir. Se podemos dizer que o pensamento age quando pensa é porque ele é a única atividade com a força de modificar nossa compreensão do que, de fato, é um problema, de qual é o verdadeiro problema que temos diante de nós e que nos impulsiona a agir. É o pensamento que nos permite compreender a existência de uma série de ações que são, simplesmente, lances no interior de um jogo cujo resultado já está decidido de antemão.

A sociedade capitalista contemporânea procura dar aos sujeitos a impressão de possibilidades infinitas, de que eles podem decidir sobre tudo a todo momento. Um pouco como as escolhas de consumo, cada vez mais "customizadas" e particularizadas. No entanto, talvez seja correto

---

* São Paulo, Centauro, 2005. (N. E.)

** Karl Marx, "*Ad* Feuerbach", em Karl Marx e Friedrich Engels, *A ideologia alemã* (São Paulo, Boitempo, 2007), p. 535. (N. E.)

dizer que essa ação não é um verdadeiro "agir", pois é incapaz de mudar as possibilidades de escolha, previamente determinadas. Ela não produz seus próprios objetos, apenas seleciona objetos e alternativas já postos à mesa. Por isso, essa ação não é livre.

Quando realmente pensamos, conseguimos ir além dessa liberdade reduzida a um simples livre-arbítrio, cujas escolhas são feitas no interior de um quadro imposto, e não produzido por cada um. Por isso, o pensamento, quando aparece, exige que toda ação não efetiva pare, com o intuito de que o verdadeiro agir se manifeste. Nessas horas, entendemos como, muitas vezes, agimos para não pensar. Pensar de verdade significa pensar em sua radicalidade, utilizar a força crítica e radical do pensamento. Quando a força crítica do pensamento começa a agir, todas as respostas se tornam possíveis e alternativas novas aparecem na mesa. Nesses momentos, é como se o espectro das possibilidades aumentasse, pois para que novas propostas apareçam é necessário que saibamos, afinal de contas, quais são os verdadeiros problemas.

## O desencanto como afeto central do político

Mas por trás da necessidade de discussão, de reconstrução do caráter real da democracia, há um afeto que vocês devem saber guardar sempre, porque é o motor de toda crítica. Trata-se do profundo sentimento de mal-estar e desencanto que todos vocês sentem e que os faz estar aqui. É a angústia do desencanto que nos une, que faz com que o mesmo sentimento apareça em Túnis e São Paulo, Cairo e Nova York.

Esse é o sentimento mais verdadeiro que temos, aquele com mais força para nos colocar em ação. No entanto, vivemos numa sociedade em que o desencanto e o mal-estar são vistos imediatamente como sintomas de alguma doença que deve ser tratada o mais rápido possível, nem que seja preciso dopar todos com antidepressivos ou qualquer coisa dessa natureza. Mas é isso que vocês têm de mais concreto, de mais real. Esse é o índice de que há algo errado, não com vocês como indivíduos, mas com a vida social da qual fazem parte. Por essa razão, é muito importante que vocês sejam capazes de se mobilizar para dizer que esse mal-estar não é um problema individual, é um problema da sociedade, da vida social.

Nesse sentido, eu diria que cada época tem um afeto que a caracteriza. Nos anos 1990, foi a euforia, marca de um mundo supostamente sem fronteiras, pós-ideológico e animado pelas promessas da globalização capitalista. Na primeira década do século XXI, os ataques terroristas aos EUA conseguiram transformar o medo em afeto central da vida social. O discurso político reduziu-se a pregações, cada vez mais paranoicas, sobre segurança, perda de identidade e fim necessário da solidariedade social.

Agora, porém, vemos uma mudança fundamental na dimensão afetiva: graças a vocês, novos laços sociais paulatinamente apareceram, levando em conta a força produtiva do desencanto. Esse é um dado novo. Desde o final dos anos 1970, as sociedades capitalistas não tinham mais o direito de acreditar na produtividade do desencanto. Fomos ensinados a ver nele um afeto exclusivamente ligado aos fracassados, depressivos e ressentidos; nunca aos produtores de novas formas.

Em *Suave é a noite**, Scott Fitzgerald apresenta um de seus personagens dizendo que sua segurança intacta era a marca de sua incompletude. Tal personagem nunca sentira a quebra de suas certezas, a desarticulação de seus valores, por isso continuava incompleto. Ele não tinha o desencanto necessário para explorar, sem medo, a plasticidade do novo.

Não temos mais esse problema, pois sabemos que todo verdadeiro movimento sempre começa com a mesma frase: "Não acreditamos mais". Não acreditamos mais nas promessas de desenvolvimento social, de resolução de conflitos dentro dos limites da democracia parlamentar, de consumo para todos. Sempre demora para que tal frase se transforme em um: "Agora sabemos o que queremos". Tal demora é o tempo que o desencanto exige para maturar sua produtividade. Como sempre, essa maturação acaba chegando quando menos esperamos.

---

* Rio de Janeiro, Best Bolso, 2008. (N. E.)

## A geração que quebrou o mundo

Termino lembrando o seguinte: hoje, nem acredito, estou chegando aos quarenta anos. Lembro que na idade de vocês, dezoito, dezenove, vinte anos, costumava ouvir que não havia mais luta política a ser feita, que o mundo estava globalizado e o que valia era a eficácia, a capacidade de assumir riscos, de ser criativo, inovador, de preferência em uma agência de publicidade ou no departamento de marketing de uma grande empresa. Se assumíssemos essa nova realidade, entraríamos em um futuro radiante onde só haveria vencedores e *raves*, onde os que ficassem pra trás teriam, no fundo, um problema moral, pois não haviam tido a coragem de assumir riscos, a necessidade de inovação e coisas do tipo.

Bem, vejam que interessante. Exatamente essas pessoas que ouviram e acreditaram em tal discurso há vinte anos e que, como eu, estão hoje perto dos quarenta anos foram trabalhar no sistema financeiro e conseguiram criar uma crise maior que a de 1929, da qual ninguém sabe sair. Ou seja, eles simplesmente conseguiram quebrar o mundo.

Para essa geração, não era possível que o futuro fosse diferente do presente. Ela não acreditava, em hipótese nenhuma, na capacidade de transformação da participação popular, considerava isso chavão ideológico no limite do ridículo. Como assim participação popular? Isso não existe mais! Manifestações, isso não existe! Vocês não deveriam existir. Por isso, essa geração é a primeira a dizer que vocês não sabem o que fazem, que vocês são sonhadores que, no máximo, podem aparecer como fundo de um comercial de jeans. Pois, se vocês mostrarem que a força crítica do pensamento é capaz de reconstruir nossas relações sociais, então eles se perguntarão: mas o que nós fizemos durante todo esse tempo? Como fomos capazes de acreditar piamente no que agora desmorona?

Agora, vejam que coisa interessante. Se tivermos um pouco de cuidado, notaremos que as manifestações que ocorreram este ano trouxeram pautas extremamente precisas. Santiago do Chile colocou 400 mil pessoas na rua para pedir educação pública de qualidade e gratuita para todos. Esse é um belo exemplo. Eis uma proposta que parece ser muito regional, mas que no fundo modifica radicalmente a estrutura econômica do país. Para garantir a educação pública, o Estado tem de ter mais dinheiro. E como ele faz isso? Taxando mais dos ricos, que não pagam impostos em lugar nenhum da América Latina. No fundo, uma proposta como essa significa uma redistribuição de renda radical por meio do uso democrático do Estado como aparelho de consolidação de serviços públicos que melhorem a vida do cidadão. Ou seja, uma proposta extremamente precisa.

Vejam, por exemplo, o que dizem os Indignados na Espanha: "Nossa democracia parlamentar faliu junto com o sistema econômico que ela sustentava". Por que a crise econômica ficou desse tamanho? Que maldito sistema político é esse que permite uma crise tão grande, que não consegue enquadrar a ala mais terrorista do sistema financeiro? Façam esse exercício, acessem a internet e peguem os balanços dos bancos que estavam quebrados há três anos. Hoje, todos estão extremamente superavitários. De onde vem esse dinheiro? Vem do Estado! Então devemos nos perguntar que tipo de sistema político é esse que é incapaz de colocar contra a parede quem destrói a vida, a propriedade. Fala-se em defesa da propriedade privada. Como bem lembrou Slavoj Žižek, esses bancos conseguiram destruir a propriedade privada de um número maior de pessoas do que Lenin tinha tentado fazer em 1917. Alguém devia ter colocado esse pessoal para trabalhar para nós.

Vejam bem, as pautas são extremamente precisas e conscientes, de uma clareza e visão cirúrgica. Esta é mais uma demonstração de quando o pensamento começa a agir: as pautas reais aparecem. Daqui a cinco anos vão se perguntar "Como acreditamos durante tanto tempo que nenhum acontecimento real pudesse ocorrer?". Daqui a cinco anos, o nível de descontentamento e a insatisfação serão tamanhos que vão se perguntar como se acreditou durante tanto tempo que a roda da história estava parada, que não havia muito mais a se esperar a não ser uma espécie de acerto gerencial de rota a partir dos princípios postos pelo liberalismo econômico.

Vocês são o primeiro passo de um grande movimento que só começou agora. Esses processos são lentos. No entanto, como diz Freud, "a razão pode falar baixo, mas não se cala". Agora, percebemos algo fundamental: não dá mais para confiar em partidos, sindicatos, estruturas governamentais que podem ter suas funções em certos momentos, mas não têm nenhuma capacidade de ressoar a verdadeira necessidade de rupturas. Vejam, por exemplo, o caso da Grécia: qual partido governa a Grécia? Um clássico partido social-democrata (Movimento Socialista Pan-Helênico, Pasok na sigla original), em princípio de esquerda. Qual partido governa a Espanha? Um clássico partido social-democrata (Partido Socialista Operário Espanhol, PSOE), dito de esquerda. Com uma esquerda desse tipo, ninguém precisa de direita. Todos jogam no mesmo time. A única diferença é que um faz isso com dor no coração, "Olha vou ter de arrebentar seu salário, não gostaria disso!", enquanto o outro o faz cantando "Você era um funcionário público inútil", e por aí vai.

Fora isso, a diferença é mínima, retórica. Isso significa simplesmente o quê? A época em que nos mobilizávamos tendo em vista a estrutura partidária acabou, acabou radicalmente. Pode ser que ainda não saibamos o que vai aparecer, o que não vai acontecer, como as coisas se darão daqui para a frente. Podemos não saber o que vai acontecer no futuro, que tipo de nova organização política aparecerá, mas sabemos muito bem onde acontecimentos não ocorrerão. Com certeza não nas dinâmicas partidárias. Você tem uma força de pressão enquanto está fora do jogo partidário. Quando entrarmos nele, tal força diminui. Então, conservem este espaço!

Centenas de manifestantes na Praça Tahrir, Egito, em fevereiro de 2011. Foto de Mona Sosh.

Occupy London - Mason London

# Os rebeldes na rua: o Partido de Wall Street encontra sua nêmesis*

David Harvey

O Partido de Wall Street controlou os Estados Unidos sem dificuldades por tempo demais. Dominou completamente (em oposição a parcialmente) as políticas dos presidentes por pelo menos quatro décadas (para não dizer mais), independentemente de presidentes individuais terem ou não sido seus agentes por vontade própria. Corrompeu legalmente o Congresso por meio da dependência covarde dos políticos de ambos os partidos em relação ao poder do seu dinheiro e ao acesso à mídia comercial que controla. Graças a nomeações feitas e aprovadas

---

* Traduzido por João Alexandre Peschanski a partir de "Rebels on the Street: The Party of Wall Street Meets its Nemesis", publicado originalmente no blog da Verso Books (http://www.versobooks.com/blogs/777), em 28 out. 2011. Disponível também em www.boitempoeditorial.wordpress.com/category/colaboracoes-especiais/david-harvey. (N. E.)

pelos presidentes e pelo Congresso, o Partido de Wall Street domina muito do aparato estatal, bem como o do Judiciário, em particular a Suprema Corte, cujas decisões partidárias estão crescentemente a favor dos interesses venais do dinheiro, em esferas tão diversas quanto eleitoral, trabalhista, ambiental e comercial.

O Partido de Wall Street tem um princípio universal de dominação: não pode haver nenhum adversário sério ao poder absoluto do dinheiro de dominar absolutamente. E esse poder tem de ser exercido com um único objetivo: seus detentores não devem apenas ter o privilégio de acumular riqueza sem fim e à vontade, mas também o direito de herdar o planeta, com domínio direto ou indireto da terra, de todos os seus recursos e das potencialidades produtivas que nela residem, bem como de assumir o controle absoluto, direta ou indiretamente, sobre o trabalho e as potencialidades criativas de todos os outros que sejam necessários. O resto da humanidade se tornará supérfluo.

Esses princípios e práticas não surgem de ganância individual, falta de horizonte ou abusos (por mais que todos esses ocorram aos montes). Eles foram esculpidos no corpo político de nosso mundo pela vontade coletiva de uma classe capitalista instigada pelas leis coercivas da competição. Se meu grupo de *lobby* gasta menos do que o seu, receberei menos favores. Se essa jurisdição gasta para atender às necessidades das pessoas, ela será considerada menos competitiva.

Muitas pessoas decentes estão presas a um sistema que está completamente podre. Se querem um salário razoável, não têm outra opção além de render-se à tentação do diabo: só estão "seguindo ordens", como na famosa frase de Adolf Eichmann, ou "fazendo o que o sistema pede", como se diz hoje em dia, aceitando os princípios e práticas bárbaros e imorais do Partido de Wall Street. As leis coercivas da competição forçam todos nós, em diferentes níveis, a obedecer às regras desse sistema cruel e insensível. O problema é sistêmico, não individual.

Os favorecidos ideais de liberdade e autonomia do partido, garantidos pelos direitos à propriedade privada, ao livre-mercado e ao livre-comércio, na realidade se traduzem no direito de explorar o trabalho alheio e desapropriar ao seu bel-prazer as pessoas de seus bens, assim como na liberdade de saquear o meio ambiente para seus benefícios individuais ou de classe.

Uma vez no controle do aparato estatal, o Partido de Wall Street costuma privatizar pequenas áreas promissoras com baixo valor de mercado para abrir novas frentes para a acumulação do capital. Arranja esquemas de subcontratação (o complexo militar industrial é um exemplo claro) e de tributação (subsídios ao agronegócio e baixos impostos sobre os ganhos do capital) que lhe permitem limpar livremente os cofres públicos. Estimula de maneira deliberada sistemas regulatórios complicados e níveis surpreendentes de incompetência administrativa no resto do aparato estatal (*vide* a Agência de Proteçao Ambiental sob Reagan, bem como a Agência Federal de Gestão de Emergências e o "baita trabalho" de Brown sob Bush*), de modo a convencer um público inerentemente cético de que o Estado não consegue ter um papel construtivo ou de apoio para melhorar a vida cotidiana ou as perspectivas futuras das pessoas. Por fim, usa o monopólio da violência, que todo Estado soberano reivindica, para excluir o público do espaço público e para atormentar, pôr sob vigilância e, se necessário, criminalizar e prender quem não aceitar amplamente suas ordens. É exímio nas práticas de tolerância repressiva que perpetuam a ilusão de liberdade de expressão, contanto que essa expressão não exponha implacavelmente a natureza verdadeira de seu projeto e o aparato repressivo sobre o qual repousa.

O Partido de Wall Street articula incessantemente a guerra de classes: "Claro que há uma guerra de classes", disse Warren Buffett, "e é minha classe, a dos ricos, que a está fazendo, e nós estamos vencen-

---

* Na gestão de Ronald Reagan (1981-1989), a Agência de Proteção Ambiental, responsável pela proteção da natureza, manipulou decisões técnicas para favorecer empresas poluentes. A Agência Federal de Gestão de Emergências, que monitora e responde por situações críticas relacionadas a catástrofes naturais, foi incapaz de conter e minimizar os danos humanos e materiais decorrentes do furacão Katrina, em 2005, durante o governo de George W. Bush (2001-2009). Apesar do fracasso da agência em lidar com o furacão, que destruiu bairros inteiros de Nova Orleans e deixou um saldo de quase 2 mil pessoas mortas e desaparecidas, Bush declarou que seu diretor, Michael Brown, havia feito um "baita trabalho". (N. T.)

do". Em grande parte, essa guerra é articulada em segredo, atrás de uma série de máscaras e obscurecimentos por meio dos quais os planos e objetivos do Partido de Wall Street se disfarçam.

O Partido de Wall Street sabe muito bem que quando questões políticas e econômicas profundas se transformam em assuntos culturais não há como respondê-las. Geralmente ele aciona uma enorme variedade de opiniões de especialistas cativos, em sua maior parte empregados nos institutos de pesquisa e nas universidades que ele financia e espalhados na mídia que ele controla, para criar controvérsias sobre todo tipo de assunto que de fato não importa e sugerir soluções para questões que não existem. Em um momento, só fala da austeridade necessária a todas as outras pessoas para tratar do déficit e, em outro, propõe a redução de sua própria tributação sem se importar com o impacto que isso possa ter sobre o déficit. A única coisa que nunca pode ser debatida ou discutida abertamente é a verdadeira natureza da guerra de classes que ele tem mantido de modo tão incessante e cruel. Descrever algo como "guerra de classes" significa, no clima político atual e no julgamento de seus especialistas, colocar-se fora do espectro de considerações sérias e até mesmo ser tido como imbecil ou sedicioso.

Mas agora, pela primeira vez, há um movimento explícito que enfrenta o Partido de Wall Street e seu mais puro poder do dinheiro. A "*street*" [rua] de Wall Street está sendo ocupada – ó, horror dos horrores – por outros! Espalhando-se de cidade em cidade, as táticas do Occupy Wall Street são tomar um espaço público central, um parque ou uma praça, próximo à localização de muitos dos bastiões do poder e, colocando corpos humanos ali, convertê-lo em um espaço político de iguais, um lugar de discussão aberta e debate sobre o que esse poder está fazendo e as melhores formas de se opor ao seu alcance. Essa tática, mais conspicuamente reanimada nas lutas nobres e em curso da praça Tahrir, no Cairo, alastrou-se por todo o mundo (praça do Sol, em Madri, praça Syntagma, em Atenas, e agora as escadarias de Saint Paul, em Londres, além da própria Wall Street). Ela mostra como o poder coletivo de corpos no espaço público continua sendo o instrumento mais efetivo de oposição quando o acesso a todos os outros meios está bloqueado. A praça Tahrir mostrou ao mundo uma verdade óbvia: são os corpos nas ruas e praças, não o balbucio de sentimentos no Twitter ou Facebook, que realmente importam.

O objetivo desse movimento nos Estados Unidos é simples. Diz: "Nós, as pessoas, estamos determinadas a retomar nosso país dos poderes do dinheiro que atualmente o controlam. Nosso intuito é provar que Warren Buffett está enganado. Sua classe, os ricos, não vai mais governar sem oposição e nem herdar automaticamente a terra. Sua classe, a dos ricos, não está destinada a sempre vencer".

Diz: "Somos os 99%. Somos a maioria e essa maioria pode, deve e vai prevalecer. Uma vez que todos os outros canais de expressão estão fechados para nós pelo poder do dinheiro, não temos outra opção a não ser ocupar os parques, praças e ruas de nossas cidades até que nossas opiniões sejam ouvidas e nossas necessidades atendidas".

Para ter êxito, o movimento precisa alcançar os 99%. Isso ele pode e está fazendo passo a passo. Primeiro, há todas as pessoas jogadas na miséria pelo desemprego e aquelas cujas casas e bens foram ou estão sendo retirados pela falange de Wall Street. Devem se formar grandes coalizões entre estudantes, imigrantes, subempregados e todos os que estão sob ameaça das políticas de austeridade, totalmente desnecessárias e draconianas, impostas à nação e ao mundo para atender ao Partido de Wall Street. Deve-se focar nos níveis estarrecedores de exploração nos locais de trabalho – desde os empregados domésticos imigrantes, explorados tão cruelmente na casa dos ricos, até os funcionários de restaurantes escravizados por quase nada na cozinha dos estabelecimentos nos quais os ricos comem tão fartamente – e deve unir os trabalhadores criativos e artistas cujos talentos são tantas vezes transformados em produtos comerciais pelo grande poder do dinheiro.

O movimento deve, acima de tudo, atingir todos os alienados, insatisfeitos e descontentes, todos que reconhecem e sentem nas entranhas que há algo de muito errado, que o sistema criado pelo Partido de Wall Street não é só bárbaro, antiético e moralmente errado, mas também está falido.

Tudo isso tem de ser unido de maneira democrática em uma oposição coerente, que também deve contemplar livremente o que aparenta ser uma cidade alternativa, um sistema político alternativo e, por fim, uma forma alternativa de organizar a produção, a distribuição e o consumo para o benefício do povo. Do contrário, o futuro dos jovens, que se encaminha para uma crescente dívida privada e austeridade pública profunda em benefício do 1%, não pode ser considerado um futuro.

Em resposta ao movimento Occupy Wall Street, o Estado, apoiado pelo poder da classe capitalista, tem um argumento surpreendente: ele, e só ele, tem o direito exclusivo de regular o espaço público e dele dispor. O público não tem o direito comum ao espaço público! Com que direito os prefeitos, os chefes de polícia, os oficiais militares e as autoridades do Estado dizem para nós, o povo, que eles podem determinar o que é público em "nosso" espaço público, bem como quem pode ocupá-lo e quando? Quando é que eles presumem expulsar-nos, o povo, de qualquer espaço que nós, o povo, decidimos coletiva e pacificamente ocupar? Eles dizem que agem de acordo com o interesse público (e usam as leis para prová-lo), mas nós somos o povo! Onde está "nosso interesse" em tudo isso? E, aliás, não é "nosso" dinheiro que os bancos e financistas usam tão descaradamente para acumular "seus" bônus?

Diante do poder organizado do Partido de Wall Street para dividir e conquistar, o movimento emergente também deve ter como um de seus princípios fundamentais não se dividir nem se desviar de seu curso até que o Partido de Wall Street caia na real – para ver que o bem comum tem de prevalecer sobre os estreitos interesses venais – ou caia de joelhos. Os privilégios corporativos de possuir todos os direitos dos indivíduos, mas sem as responsabilidades de verdadeiros cidadãos, têm de ser eliminados. Os bens públicos, como educação e saúde, devem ser oferecidos gratuitamente e de maneira acessível a todos. Os poderes monopolistas na mídia precisam ser abalados. A compra de eleições tem de ser considerada inconstitucional. A privatização de conhecimento e cultura precisa ser proibida. A liberdade de explorar e espoliar as pessoas tem de ser controlada e, no fim, tornada ilegal.

Os estadunidenses acreditam na igualdade. Pesquisas de opinião pública mostram (independentemente da filiação partidária) que, para a população, os 20% mais ricos podem ter razão em reivindicar 30% da riqueza total. Que os 20% mais ricos detenham 85% da riqueza é inaceitável. Que a maior parte desse montante seja controlada pelo 1% mais rico é totalmente inaceitável. O que o movimento Occupy Wall Street propõe é que nós, o povo dos Estados Unidos, nos comprometamos a reverter esse nível de desigualdade, não só a riqueza ou os salários, mas, e ainda mais importante, o poder político que essa disparidade gera. O povo estadunidense tem orgulho, com razão, de sua democracia, mas ela sempre esteve à mercê do poder corrompedor do capital. Agora que ela é dominada por esse poder, o tempo de fazer outra Revolução Americana, como Jefferson sugeriu há muito tempo ser necessário, está se aproximando: que seja baseada em justiça social, igualdade e uma aproximação cuidadosa e consciente da relação com a natureza.

A luta que se criou – o Povo contra o Partido de Wall Street – é crucial para o nosso futuro coletivo. A luta é global, mas também local em sua natureza. Reúne estudantes chilenos confinados numa luta de vida ou morte contra o poder político para criar um sistema de educação gratuito e de qualidade para todos e, então, começar a desmantelar o modelo neoliberal que Pinochet impôs tão brutalmente. Engloba os ativistas da praça Tahrir que reconhecem que a queda de Mubarak (assim como o fim da ditadura de Pinochet) foi apenas o primeiro passo de uma luta pela emancipação do poder do dinheiro. Inclui os Indignados da Espanha, os trabalhadores em greve na Grécia, a oposição militante que surge em todo o mundo, de Londres a Durban, Buenos Aires, Shenzhen e Mumbai. A dominação brutal do grande capital e o poder do dinheiro estão na defensiva em todos os lugares.

De qual lado cada um de nós, como indivíduo, vai estar? Que rua vamos ocupar? Só o tempo dirá. Mas o que sabemos é que o tempo é agora. O sistema não está só quebrado e exposto, mas também é incapaz de qualquer outra resposta que não a repressão. Assim, nós, o povo, não temos opção além de lutar pelo direito coletivo de decidir como o sistema será reconstruído e com base em qual modelo. O Partido de Wall Street teve sua chance e fracassou miseravelmente. Construir uma alternativa em suas ruínas é tanto uma oportunidade inescapável quanto uma obrigação que nenhum de nós pode ou vai querer evitar.

Salute One Percent - Jay Bryant

# O espírito da época*

## Tariq Ali

"Um mapa do mundo que não inclua Utopia não merece ser olhado", escreveu Oscar Wilde, "já que deixa de fora o único país no qual a humanidade está sempre desembarcando. E quando a humanidade chega ali, olha para o horizonte e, ao ver um país melhor, zarpa em sua busca. O progresso é a realização de Utopias".

O espírito desse século XIX socialista está vivo entre a juventude idealista que tem protestado contra o turbinado capitalismo global que dominou o mundo desde o colapso da União Soviética.

Os manifestantes do movimento Occupy Wall Street, que se instalaram no coração do distrito financeiro de Nova York, estão protes-

* Traduzido por Lucas Morais para o *Diário Liberdade*. Publicado originalmente no site *CounterPunch*, com o título "The Spirit of the Age", em 31 out. 2011 (http://www.counterpunch.org/2011/10/31/the-spirit-of-the-age). (N. E.)

tando contra um sistema de capital financeiro despótico: um vampiro infectado pela ganância que sobrevive chupando o sangue de quem não é rico. Eles estão mostrando seu desprezo em relação aos banqueiros, aos especuladores financeiros e seus mercenários da mídia, que continuam insistindo que não há alternativa. Já que o sistema de Wall Street domina a Europa, lá também há versões locais desse modelo. (É curioso que foram os ocupantes de Wall Street, em vez de os Indignados da Espanha ou os trabalhadores em greve na Grécia, que tiveram impacto na Grã-Bretanha, revelando mais uma vez que as afinidades reais desta são mais atlantistas que europeias). Pode ser que os jovens atingidos pelo gás de pimenta da polícia de Nova York não tenham definido bem o que desejam, mas eles seguramente sabem contra quem estão e isso já é um importante começo.

Como chegamos aqui? Após o colapso do comunismo em 1991, a ideia de Edmund Burke de que, "em todas as sociedades compostas de diferentes classes, algumas devem estar necessariamente por cima" e de que "os apóstolos da igualdade apenas mudam e pervertem a ordem natural das coisas" converteu-se na sabedoria do senso comum da época. Dinheiro corrompeu os políticos, muito dinheiro corrompeu tudo. Por todos os centros do capital vimos surgir: republicanos e democratas nos Estados Unidos, novos trabalhistas e *tories* [conservadores] no vassalo Estado da Grã-Bretanha, socialistas e conservadores na França, coalizões na Alemanha, centro-esquerda e centro-direita na Escandinávia, e assim por diante. Em quase todos os casos, um sistema de dois partidos transformou-se em um governo nacional efetivo. Um novo extremismo de mercado entrou em jogo. A entrada do capital nos domínios mais santificados dos benefícios sociais foi considerada uma "reforma" necessária. As iniciativas financeiras privadas que castigavam o setor público se converteram em norma, e países (como França e Alemanha) que não rumavam rápido o bastante em direção ao paraíso neoliberal eram denunciados frequentemente no *Economist* e no *Financial Times*.

Questionar essa situação, defender o setor público, argumentar a favor da propriedade estatal dos serviços públicos e desafiar a intensa redução dos preços da habitação pública implicava ser considerado uma espécie de dinossauro "conservador". Todo mundo agora é cliente, mais do que cidadão: os jovens, emergentes, acadêmicos do Novo Trabalhismo se referiam timidamente àqueles que se viam obrigados a ler seus livros como "clientes", querendo dizer que todos somos capitalistas agora. As elites do poder econômico e social refletiam as novas realidades. O mercado transformou-se no novo Deus, preferível ao Estado.

Mas quem se deixou levar por essa linha nunca se perguntou: como isso aconteceu? De fato, o Estado era necessário para fazer a transição. A intervenção estatal para consolidar o mercado e ajudar os ricos foi algo estupendo. E uma vez que nenhum partido oferecia alternativa, os cidadãos da América do Norte e da Europa confiaram em seus políticos e marcharam como sonâmbulos rumo ao desastre.

Os políticos de centro, intoxicados pelos triunfos do capitalismo, não estavam preparados para a crise de Wall Street de 2008. Por isso a maioria dos cidadãos, ludibriada por imensas campanhas publicitárias que ofereciam créditos fáceis e por meios de comunicação domesticados e acríticos, foi levada a acreditar que tudo estava bem. Seus dirigentes podiam não ser carismáticos, mas sabiam manejar o sistema. Deixem tudo com os políticos. O preço dessa apatia generalizada está sendo pago agora. (Para ser justo, os irlandeses e franceses sentiram o desastre nos argumentos apresentados sobre a constituição da União Europeia, que consagrava o neoliberalismo, e votaram contra. Foram ignorados.)

Entretanto, para muitos economistas foi óbvio que Wall Street planejou deliberadamente a bolha imobiliária, gastando bilhões em campanhas publicitárias com o intuito de encorajar as pessoas a fazer uma segunda hipoteca e incrementar as dívidas pessoais para consumir cegamente. A bolha tinha de estourar e, quando isso aconteceu, o sistema cambaleou até o Estado resgatar os bancos do colapso total. É o socialismo para os ricos. Quando a crise se estendeu pela Europa, o mercado único e as normas de competição foram por água abaixo enquanto a União Europeia montava uma operação de resgate. As disciplinas de mercado foram esquecidas convenientemente. A extrema direita é pequena. A extrema esquerda praticamente não existe. É o extremo centro que domina a vida social e política.

Enquanto alguns países entravam em colapso (Islândia, Irlanda, Grécia) e outros (Portugal, Espanha, Itália) encaravam o abismo, a UE [União Europeia] (na realidade UB, União dos Banqueiros) interveio para impor austeridade e salvar os sistemas bancários alemão, francês e britânico. As tensões entre o mercado e a responsabilidade democrática não podiam mais ser mascaradas. A elite grega foi chantageada até a submissão total, e as medidas de austeridade empurradas goela abaixo dos cidadãos levaram o país à beira da revolução. A Grécia é o elo mais fraco na cadeia do capitalismo europeu e há muito tempo sua democracia está submersa sob as ondas do capitalismo em crise. As greves gerais e os protestos criativos dificultaram em grande medida a tarefa dos extremistas de centro. Observando as recentes imagens que chegam de Atenas, onde a polícia utilizou a força para impedir que dezenas de milhares de cidadãos entrassem no Parlamento, é possível sentir que os dirigentes do país não serão capazes de governar como antes por muito tempo.

No início do ano, em Tessalônica, onde fiz uma palestra em um festival literário, as principais preocupações da audiência eram mais políticas e econômicas do que literárias. Havia alternativa? O que deveria ser feito? Inadimplência imediatamente, respondi. Abandonar a zona do euro, reintroduzir a dracma, instituir o planejamento social e econômico em níveis local, regional e nacional, envolver as pessoas nas discussões sobre como estabilizar o país sem ser às custas dos pobres. Os ricos deveriam ter de restituir (mediante impostos especiais) o dinheiro acumulado por meios fraudulentos na última década. Mas os políticos sem visão no centro do sistema estão longe de qualquer uma dessas ideias. Muitos estão na folha de pagamento do pequeno número de pessoas que possui e controla os recursos econômicos de um país.

Os endividados Estados Unidos, sob Obama (um presidente que, para todos os propósitos práticos, manteve as políticas de seu predecessor), viu surgir um novo movimento de protestos que se espalhou por todas as grandes cidades. A energia dos jovens ocupantes é admirável. Há muito tempo que a primavera havia fugido do coração político dos Estados Unidos. Os invernos gelados dos anos Reagan e Bush não se derreteram com Clinton ou Obama: homens ocos que governam um sistema oco em que o dinheiro domina tudo e o Estado difamado serve principalmente para preservar o *status quo* financeiro e custear as guerras do século XXI.

A névoa da confusão se dissipou afinal e as pessoas estão buscando alternativas, agora sem os partidos políticos, já que praticamente todos eles são deficientes. As ocupações em cena atualmente em Nova York, Londres, Glasgow e outros lugares são muito diferentes dos protestos do passado. São ações organizadas em tempos de crescente desemprego, em que o futuro parece sombrio. A maioria dos jovens – não obstante os protestos histéricos dizendo o contrário – não conseguirá uma educação superior a menos que tire da manga imensas somas de dinheiro e logo, sem dúvida, será confrontada pela divisão do sistema de saúde em público e privado. A democracia capitalista de hoje pressupõe um acordo fundamental entre os principais partidos representados no Parlamento a fim de que suas contendas, limitadas por sua moderação, tornem-se totalmente insignificantes. Em outras palavras, os cidadãos já não podem determinar quem (e como) controla a riqueza de um país, uma riqueza criada em grande medida por eles próprios.

Se questões cruciais como a alocação de recursos, as provisões de bem-estar social e a distribuição da riqueza já não são mais tema de debates reais nas assembleias representativas, por que a surpresa ante a alienação dos jovens em relação à política dominante ou a imensa decepção com Obama e seus clones globais? É isso que tem obrigado as pessoas a saírem às ruas em mais de noventa cidades. Os políticos se negaram a aceitar que a crise de 2008 tinha a ver com as políticas neoliberais que vinham perseguindo desde a década de 1980. Presumiram que poderiam seguir como se nada tivesse acontecido, mas os movimentos de baixo desafiaram tal suposição.

As ocupações e manifestações de rua contra o capitalismo são de alguma maneira análogas às Jacqueries (revoltas) camponesas dos séculos anteriores. Condições inaceitáveis produzem insurreições, que geralmente são esmagadas ou aplacam de livre e espontânea vontade. O que importa é que elas em geral precedem o que está por vir se as condições permanecerem as mesmas. Nenhum movimento pode sobreviver a menos que crie uma estrutura democrática permanente que assegure a continuidade política. Quanto maior for o apoio popular a tais movimentos, maior será a necessidade de alguma forma de organização.

O exemplo das rebeliões sul-americanas contra o neoliberalismo e suas instituições globais diz muito a esse respeito. As enormes e bem-sucedidas lutas contra o FMI na Venezuela e contra a privatização da água na Bolívia e da eletricidade no Peru criaram a base de uma nova política que triunfou nas urnas nos dois primeiros países, assim como no Equador e no Paraguai. Uma vez eleitos, os novos governos começaram a implementar as reformas sociais e econômicas prometidas com variados graus de êxito. Em 1958, na Grã-Bretanha, o trabalhismo rechaçou o conselho que o professor H. D. Dickinson deu ao Partido Trabalhista no *New Statesman*; os dirigentes bolivarianos, entretanto, aceitaram-no quarenta anos mais tarde, na Venezuela:

> Se for para o Estado de bem-estar social sobreviver, o Estado deve encontrar, por sua conta, uma fonte de arrecadação, uma fonte sobre a qual tenha mais direitos do que os receptores de benefícios. A única fonte que posso visualizar é a da propriedade produtiva. O Estado deve passar a *possuir*, de uma maneira ou de outra, grande parte da terra e do capital do país. Essa pode não ser uma política popular, mas, se não for seguida, a política de melhoria dos serviços sociais, que é popular, se tornará impossível. Não se pode socializar por muito tempo os meios de consumo se os meios de produção não forem socializados primeiro.

Os governantes do mundo não conseguirão ver nessas palavras muito mais do que uma expressão da utopia, mas estão enganados. Essas são as reformas estruturais realmente necessárias, e não aquelas que estão sendo impulsionadas pela liderança isolada do Pasok (Movimento Socialista Pan-Helênico) em Atenas. Pelo caminho em que estão indo, haverá mais privações, desempregos e desastres sociais. É necessária uma completa inversão precedida pela admissão pública de que o sistema de Wall Street não poderia funcionar e não funcionou, portanto tem de ser abandonado. Seus seguidores britânicos, como todos os convertidos, foram mais implacáveis e insensíveis na aceitação do mercado como único árbitro, respaldados por uma maquinaria estatal neoliberal. Continuar por esse caminho exigiria novos mecanismos de dominação que reduziriam a democracia a pouco mais do que uma concha vazia. Os "ocupas" estão instintivamente cientes disso, por essa razão estão onde estão hoje. O mesmo não pode ser dito sobre os políticos extremistas do centro.

Admiro profundamente todos os jovens que ocupam praças e ruas em diferentes partes do planeta. Estão desafiando nossos governantes com humor, brio e entusiasmo. Mas não é fácil remover os banqueiros e políticos carrancudos que dominam o mundo. É necessária uma década de luta e organização para alcançar poucas vitórias. Por que não unir todos que pudermos por meio de uma carta de reivindicações – um "grandioso protesto" ao parlamento que representa os interesses dos ricos – e marchar com um milhão ou mais para entregar o protesto em pessoa no próximo outono? A lei (imposta após a Restauração de 1666) proíbe as manifestações tumultuosas fora do parlamento, mas nós podemos interpretar "tumultuosas" tão bem como qualquer advogado.

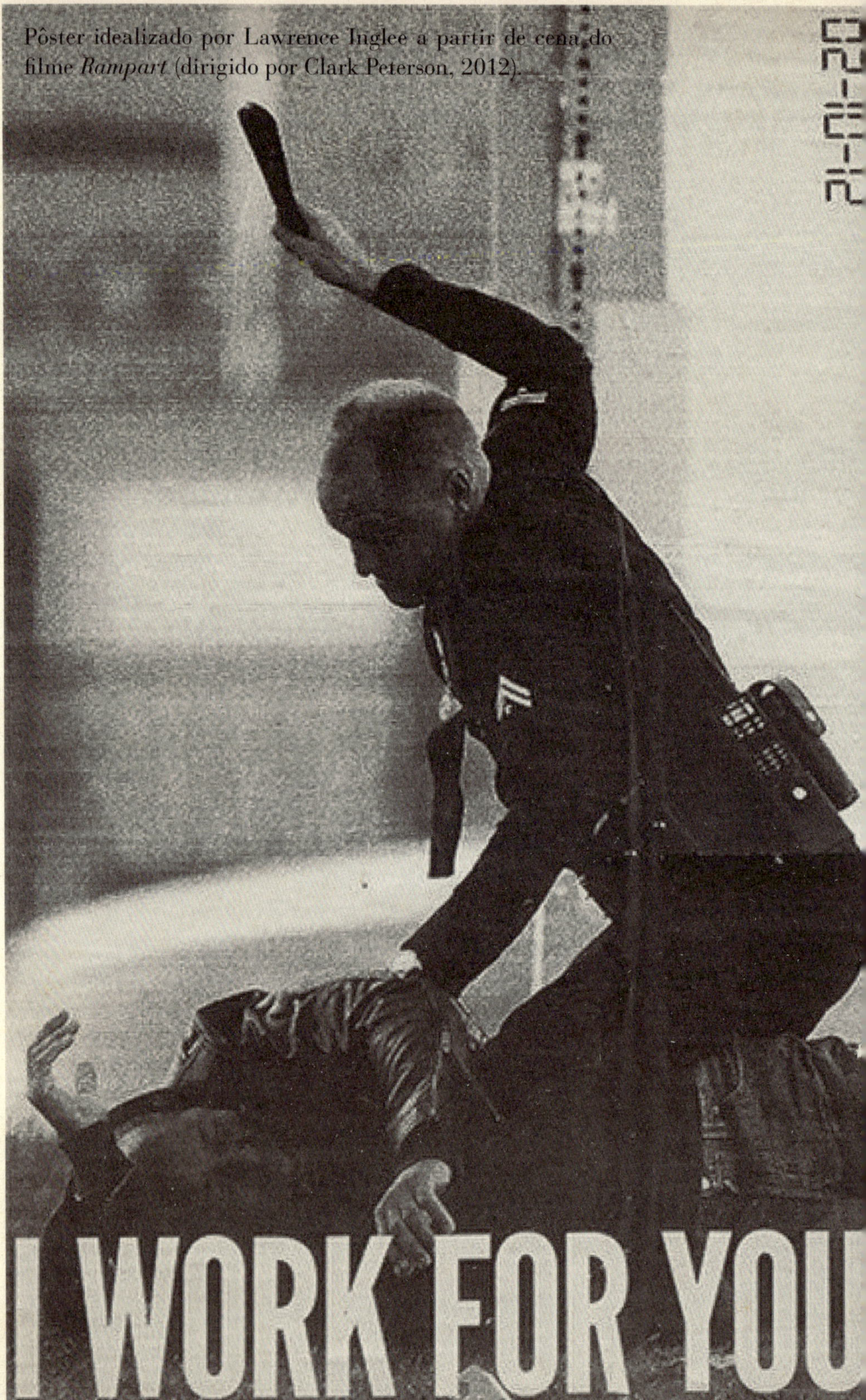


Pôster idealizado por Lawrence Inglee a partir de cena do filme *Rampart* (dirigido por Clark Peterson, 2012).

Occupy USA - Krysteff, com base na máscara do personagem V, de Alan Moore e David Lloyd

# A esquerda mundial após 2011*

Immanuel Wallerstein

Por qualquer ângulo, 2011 foi um bom ano para a esquerda mundial – seja qual for a abrangência da definição de cada um sobre a esquerda mundial. A razão fundamental foi a condição econômica negativa que atingia a maior parte do mundo. O desemprego, que era alto, cresceu ainda mais. A maioria dos governos teve de enfrentar grandes dívidas e receita reduzida e como resposta tentaram impor medidas de austeridade contra suas populações, ao mesmo tempo em que tentavam proteger os bancos.

O resultado disso foi uma revolta global daqueles que o movimento Occupy Wall Street chama de "os 99%". Os alvos eram a excessiva

* Traduzido por Daniela Frabasile, para o site *Outras Palavras* (http://www.outraspalavras.net/2012/01/03/a-esquerda-mundial-apos-2011/), a partir do original "The World Left After 2011" (http://www.iwallerstein.com/world-left-2011), publicado em 1 jan. 2012. (N. E.)

polarização da riqueza, os governos corruptos e a natureza essencialmente antidemocrática desses governos – sejam eles de sistemas multipartidários ou não.

Não é que movimentos como o Occupy Wall Street, a Primavera Árabe e os Indignados tenham alcançado tudo o que esperavam. Mas conseguiram alterar o discurso mundial, levando-o para longe dos mantras ideológicos do neoliberalismo, para temas como desigualdade, injustiça e descolonização. Pela primeira vez em muito tempo pessoas comuns passaram a discutir a natureza do sistema no qual vivem. Já não o veem como inevitável.

A questão agora para a esquerda mundial é como avançar e converter o sucesso do discurso inicial em transformação política. O problema pode ser exposto de maneira muito simples. Ainda que exista, em termos econômicos, um abismo claro e crescente entre um grupo muito pequeno (o 1%) e outro muito grande (os 99%), a divisão política não segue o mesmo padrão. Em todo o planeta, as forças de centro-direita ainda comandam aproximadamente metade da população mundial, ou pelo menos daqueles que são politicamente ativos de alguma forma.

Portanto, para transformar o mundo, a esquerda mundial precisará de um grau de unidade política que ainda não alcançou. Há profundos desacordos tanto sobre objetivos de longo prazo quanto sobre táticas a curto prazo. Não é que esses problemas não estejam sendo debatidos. Ao contrário, são discutidos acaloradamente e nota-se pouco progresso na superação dessas cisões.

Tais discordâncias são antigas e isso não as torna fáceis de resolver. Existem duas grandes divisões. A primeira é em relação às eleições. Não existem duas, mas três posições a respeito. Há um grupo que suspeita profundamente das eleições, argumentando que participar delas não é apenas politicamente ineficaz, mas reforça a legitimidade do sistema mundial existente.

Outros acreditam que é crucial participar de processos eleitorais e se dividem em dois tipos. De um lado estão os que se afirmam pragmáticos. Eles querem trabalhar a partir de dentro – dentro dos maiores partidos de centro-esquerda quando existe um sistema multipartidário funcional, ou dentro do partido único quando a alternância parlamentar não é permitida.

De outro lado estão os que condenam essa política de escolher o mal menor. Eles insistem em que não existe diferença significativa entre os principais partidos e são a favor de votar em uma agremiação que esteja "genuinamente" na esquerda.

Todos estamos familiarizados com esse debate e já ouvimos os argumentos várias vezes. No entanto, está claro, pelo menos para mim, que se não houver algum acordo entre esses três grupos em relação às táticas eleitorais, a esquerda mundial terá ínfimas chances de prevalecer, tanto a curto como a longo prazos.

Acredito que exista uma forma de reconciliação que consiste em fazer uma distinção entre as táticas de curto prazo e as estratégias de longo prazo. Concordo totalmente com os argumentos de que a detenção do poder estatal é irrelevante para as transformações de longo prazo do sistema mundial e pode até comprometer a possibilidade de realizá-las. Como uma estratégia de transformação, tem sido tentada diversas vezes e falhado.

Isso não significa que participar de eleições seja uma perda de tempo. É preciso considerar que uma grande parte dos 99% está sofrendo no curto prazo. E esse sofrimento é sua preocupação principal. Tentam sobreviver e ajudar suas famílias e amigos a sobreviver. Se pensarmos nos governos não como potenciais agentes de transformação social, mas como estruturas que podem diminuir o sofrimento a curto prazo por meio de decisões políticas imediatas, então a esquerda mundial estará obrigada a fazer o que puder para conquistar medidas capazes de minimizar essa dor.

Agir para minimizar a dor exige participação eleitoral. E o que dizer do debate entre os defensores do mal menor e aqueles que apoiam os partidos verdadeiramente de esquerda? Esse ponto torna-se uma decisão de tática local, que varia enormemente de acordo com fatores diversos: o tamanho do país, a estrutura política formal, a demografia, a posição geopolítica, a história política. Não há uma resposta padrão. E a solução para 2012 também não será necessariamente a mesma para 2014 ou 2016. Não é, pelo menos para mim, um debate de princípios. Diz respeito, muito mais, à situação tática de cada país.

O segundo debate fundamental que consome a esquerda é entre o desenvolvimentismo e o que pode ser chamado de prioridade na mudança da civilização. Podemos observar esse debate em muitas partes do mundo. Ele está presente na América Latina, nos embates fervorosos entre os governos de esquerda e os movimentos indígenas – por exemplo, na Bolívia, no Equador, na Venezuela. Também pode ser acompanhado na América do Norte e na Europa, nas discussões entre ambientalistas e sindicalistas que dão prioridade à manutenção e expansão dos empregos disponíveis.

Por um lado, a opção desenvolvimentista, apoiada por governos de esquerda e por muitos sindicatos, sustenta que sem crescimento econômico não é possível enfrentar as desigualdades do mundo de hoje – tanto as existentes dentro de cada país quanto as internacionais. Esse grupo acusa o oponente de apoiar, direta ou indiretamente, os interesses das forças de direita.

Os defensores da opção antidesenvolvimentista dizem que o foco no crescimento econômico está errado em dois aspectos: é uma política que leva adiante as piores características do sistema capitalista e que causa danos irreparáveis – sociais e ambientais.

Essa divisão parece ainda mais apaixonada, se é que é possível, que a divergência sobre a participação eleitoral. A única forma de resolvê-la é com compromissos baseados em cada caso específico. Para tornar isso viável, cada grupo precisa acreditar na boa-fé e nas credenciais de esquerda do outro. Isso não será fácil.

Essas diferenças poderão ser superadas nos próximos cinco ou dez anos? Não tenho certeza. Se não forem, duvido que a esquerda mundial possa ganhar, nos próximos vinte ou quarenta anos, a batalha fundamental. E nela se definirá que tipo de sistema sucederá o capitalismo quando este entrar definitivamente em colapso.

OWS Blank - Blank

# Democracia, segurança pública e coragem para agir na política*

Edson Teles

Democracia com violência do Estado e especulação imobiliária: uma questão crucial que chama a atenção nos recentes episódios de ação da Polícia Militar do Estado de São Paulo, cujo objetivo era "restabelecer a ordem e a legalidade", mas que se configuraram como violentos e sem eficácia do ponto de vista do interesse público.

A chamada Cracolândia (nome aparentemente cunhado pela grande mídia que, de modo significante, remete a um lugar de diversões, no estilo de Disneylândia) e o bairro Pinheirinho, em São José

---

* Publicado originalmente no Blog da Boitempo (http://boitempoeditorial.wordpress.com/2012/02/01/democracia-seguranca-publica-e-a-coragem-para-agir-na-politica/), 1 fev. 2012. (N. E.)

dos Campos, têm algo em comum além do fato de terem sido palco das recentes violações de direitos sofridas pela parcela da população que parece não ter "direito a ter direitos" (nas palavras críticas de Hannah Arendt[1]). Ambos os locais são áreas de forte especulação imobiliária.

Os usuários de crack do centro de São Paulo estavam na região escolhida pelo governo para a execução do projeto "Nova Luz", em resposta ao discurso que assinala a área como decadente, repleta de marginais, suja. Em tal projeto higienista, a Prefeitura pretende vender ao sistema privado o direito sobre desapropriações no bairro, além de sobre o estabelecimento de prioridades nesse processo, sempre de acordo com interesses particulares, em detrimento do bem público. A área, classificada pelo governo como abandonada, sedia um dos maiores centros brasileiros de comércio de equipamentos eletrônicos e de informática. Quem já foi à rua Santa Ifigênia, ou mesmo à 25 de março, pôde constatar a decadência da presença do poder público, com a falta de serviços essenciais, como os de saúde pública e limpeza das ruas. A ação repressiva da PM somente espalhou os chamados craqueiros para outros locais da região central, passando longe de ser uma solução, mas abrindo a possibilidade de formalizar o "progresso" imobiliário e comercial da região.

No bairro Pinheirinho, o conhecido especulador financeiro Naji Nahas detém, por meio de uma empresa falida de sua propriedade, a área em que moram quase 1.600 famílias. Pertencente a um casal de alemães mortos em 1969, não se sabe ao certo como o terreno, na posse do Estado por falta de herdeiros legais, acabou como propriedade de Nahas. Sabe-se que o Estado de direito, via decisão

---

[1] Segundo Hannah Arendt, em *Origens do totalitarismo*, o surgimento do totalitarismo tornou evidente a crise dos direitos humanos. Os apátridas, sujeitos desterrados do pertencimento a um coletivo político, colocaram em relevo a terrível condição de seres humanos que, por não gozarem de direitos e não serem protegidos pelas leis de um ordenamento nacional, não eram nada além de meros seres viventes. Para a autora, há a necessidade de uma comunidade política para que o sujeito tenha direitos, de uma esfera pública que valorize as opiniões e torne suas ações eficazes.

de uma juíza de São José dos Campos, confirmada pelo Tribunal de Justiça de São Paulo, determinou o despejo desse enorme contingente de pessoas, não lhe garantiu o direito à moradia e autorizou que fosse jogado na incerteza da ausência de um teto, inclusive com o uso de cassetetes, balas de borracha e gás de pimenta. Autorizado pelas leis, o governo optou pela violência em lugar da discussão de uma alternativa de moradia ou mesmo de permanência no local.

Em várias ocasiões na história da humanidade, pudemos ver cenas de pessoas amontoadas, crianças, idosos, doentes, sem seus pertences, normalmente fruto de algum tsunami, de uma catástrofe natural ou mesmo de uma guerra. Em Pinheirinho, a mesma cena foi vista. Contudo, dessa vez provocada pelo Judiciário e pelo governo do estado, com o apoio do aparato repressivo da Polícia Militar. É chocante!

De fato, o poder público, aliado ao interesse privado da especulação, posiciona-se de maneira favorável à ideia da expansão imobiliária como sinal de desenvolvimento. É histórico que, em qualquer área urbana, tais "reformas" levem a uma valorização financeira do metro quadrado e lancem a população pobre para além dos limites das atuais condições já precárias de moradia. Para que o projeto especulativo se concretize, é necessário limpar as áreas da presença dos pobres. Leiam parte da notícia postada na página da Secretaria de Segurança Pública do Estado de São Paulo:

> Após a limpeza, já era possível circular tanto a pé como de carro pelas alamedas Cleveland, Dino Bueno e Glete e a rua Helvétia, que ficam no entorno da praça Júlio Prestes. Locais que eram usados como esconderijos e moradia dos usuários de drogas foram desocupados e estabelecimentos comerciais funcionavam normalmente.[2]

Sob o disfarce de um discurso com vistas a garantir a segurança pública, o qual permite autorizar a higienização das ameaças

---

[2] "PM faz operação para sufocar tráfico na Cracolândia". Secretaria de Segurança Pública de São Paulo. Acesso em 3 jan. 2012. Disponível em: http://www.ssp.sp.gov.br/noticia/lenoticia.aspx?id=26531.

à ordem e à moral, busca-se um remédio eficaz contra os "desajustados". Estes podem, a qualquer momento, passar da condição de vítimas da desigualdade social para a categoria de inimigos. Em uma sociedade regulada pelos interesses do mercado e do trabalho, é preciso criar um lugar para os sem lugar (sem teto, sem terra, sem trabalho, sem direitos). Nesse sentido, o Brasil realiza, ao menos desde os anos 1990, a construção de um Estado social[3] sob a ideia de que a democracia se consolida com base no discurso dos direitos humanos combinado com a lógica de mercado, o que limita a própria ideia de humano. O novo modo de agir, corroborado pelo discurso em questão, vem substituindo há algumas décadas o movimento social organizado independente do ordenamento do Estado de direito. No lugar da ação política, os novos atores sociais são instados a fomentar, no teatro de fabricação dos resultados, a governança do sofrimento por meio de mudanças contabilizadas nos índices de desenvolvimento da humanidade.

Desse modo, aparentemente se pretende a efetivação de ações de redução da desigualdade, política de salários e promoção de oportunidades de crescimento. Contudo, o indivíduo beneficiado deve possuir qualidades que sejam valorizadas no mundo da produção. Sem a posse de determinadas competências, a política social de inclusão é colocada de lado e aquele mesmo Estado tentará dissimular ou apagar a presença do "deslocado". Anômico, ele é levado gradativamente para a periferia do sistema, mais distante, mais empobrecido, mais sem direitos. É preciso questionar em que medida se pode construir uma política de inclusão social submissa à lógica do mercado ou de uma economia determinada pelas elites do sistema financeiro, industrial e da terra.

---

[3] Refiro-me a um processo de reformulação do Estado iniciado com a promulgação da Constituição, em 1988, quando a assistência social deixou de ser filantropia e passou a configurar como modo essencial para lidar com o sofrimento da população carente. Foi nesse contexto que o governo do presidente José Sarney (1985-1990) adotou o lema: "Tudo pelo social". A construção desse Estado intensificou-se com a chegada do PT, que, em 2003, criou o Ministério da Assistência e Promoção Social e impulsionou o Programa Bolsa Família, entre outros.

Observamos, nos casos da Cracolândia e do Pinheirinho, bem como em tantos outros, a clara demonstração de um projeto autoritário para as relações entre o poder público (podemos ler, inclusive, o Estado de direito) e a população. Apesar de a Constituição brasileira tratar o direito à moradia como absoluto e o direito à propriedade como relativo a sua função social, o Estado, por meio de seus diversos poderes, tem atuado em favor do "desenvolvimento" em caso de conflitos. Para tanto, tem feito uso sistemático, especialmente em São Paulo, de uma Polícia Militar cada vez mais violenta (nunca, na última década, essa instituição matou tanto quanto no ano de 2011) e repressiva (espanca estudantes da USP dentro do *campus*). Sua organização e disciplina, subordinadas ao regimento militar do Exército, são regidas pelas mesmas regras impostas pela Constituição outorgada pela ditadura em 1969.

Com a mudança do regime de exceção para a democracia, não houve revisão ou reforma das instituições ligadas à segurança nacional e pública, as quais mantiveram uma ideologia agressiva contra a população não proprietária, garantindo a impunidade às violências praticadas por seus agentes. Tal situação evidencia o modelo que os setores patrimonialistas e da elite brasileira, com a anuência da classe média e o silêncio amedrontado de uma parcela da esquerda que perdeu seus compromissos de classe, escolheram para uma democracia limitada, muitas vezes de fachada, com um verniz reluzente, outras vezes com características autoritárias.

Não se trata de uma ditadura em meio ao Estado de direito. É uma democracia que participa do consenso da política contemporânea, no qual o discurso social e dos direitos humanos legitima, paradoxalmente, tanto a resistência do indivíduo e dos movimentos diante das violências sofridas quanto a ação do Estado, o maior violador de direitos. Dessa forma, o militante e o ministro, o sem teto e a Polícia Militar e o destituído e a grande mídia fazem uso da ideia de defesa de direitos sem, como vimos, necessariamente agir em favor do interesse público.

A ação repressiva do Estado, legitimada pela ideia de defesa dos direitos, alimenta o sentimento de constante ameaça à propriedade, ao emprego, ao salário, ao consumo e à ação política, gerando o medo paralisante. É como se um fantasma rondasse a sociedade, obrigando-nos, em momentos de transformação, a adotar uma política do possível evitando as rupturas. Vivemos um momento grave de nossa vida social, em que precisamos refletir sobre qual democracia queremos e, mais do que isso, agir com radicalidade para denunciar um modo autoritário e manipulador de se fazer política. Conflitos como os vividos em São Paulo demandam daqueles que se sentem ofendidos por tamanha violência uma atitude corajosa de ruptura com o modelo conciliatório da democracia "lenta, gradual e segura", sob o qual construímos o Estado de direito.

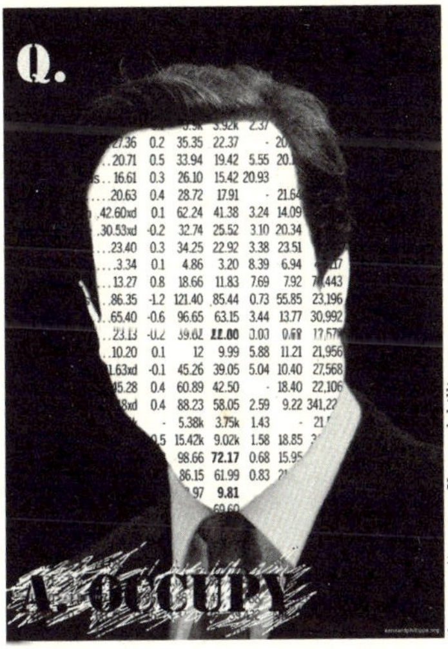


Question/Answer - Kennardphillipps

# Crise capitalista e novo cenário no Oriente Médio*

Emir Sader

O cenário geral que englobou todo o ano de 2011 foi o novo ciclo da crise geral do capitalismo, iniciado em 2008. Pelo tipo de medidas tomadas naquele momento, era de se esperar que houvesse uma nova irrupção da crise, mesmo sem ser possível imaginar uma intensidade tão forte como a que afeta especialmente a economia europeia.

Ao salvar os bancos – ação que detonou a crise e foi seu epicentro –, os governos acreditavam que salvariam as economias e os países. Os bancos se recuperaram, mas as economias e os países ficaram abandonados. Isso porque os bancos têm a seu favor os organismos

* Versão reformulada pelo autor, para esta edição, a partir do original "2011: Crise capitalista e novo cenário no Oriente Médio", publicado no site *Carta Maior* (http://www.cartamaior.com.br/templates/postMostrar.cfm?blog_id=1&post_id=848) em 26 dez. 2011. (N. E.)

financeiros internacionais e as agências de risco, que agem de forma coerente e coordenada.

Por isso, a crise voltou como bumerangue, tendo agora diretamente os governos como epicentro, pressionados pelo sistema bancário e pelos organismos que expressam seus interesses: FMI e Banco Central Europeu. Primeiro, em 2008, faliram bancos e outras instituições financeiras; depois foram os países, tendo a Grécia como caso paradigmático e que estende sua sombra sobre quase todos os Estados da zona do euro.

A unificação monetária – essência da unificação europeia, ao ponto de os referendos perguntarem diretamente se as pessoas queriam apenas a moeda única e não a Europa unificada – revelou-se uma armadilha tanto para os países mais fragilizados, que, na ausência de políticas monetárias nacionais, não tiveram como se defender minimamente da crise, como para os países em melhores condições, que tiveram de acudi-los sob o risco de desabamento de toda a arquitetura do euro, o que também os levaria de roldão.

As respostas se deram no marco das políticas neoliberais dominantes, combatendo centralmente os déficits públicos, e não os efeitos econômicos e sociais dessas políticas: a recessão e o desemprego. Como é típico do neoliberalismo, a centralidade está na estabilidade monetária, e não no desenvolvimento econômico e na geração de empregos.

Como resultado, a maior novidade de 2011 foi que a Europa ingressou em cheio numa fase recessiva, que deve demorar pelo menos uma década. Dramaticamente, essa situação tem levado os países europeus a liquidar as políticas sociais e o Estado de bem-estar social, que os caracterizavam desde o pós-guerra. Os outros países do centro do capitalismo – EUA, Inglaterra, Japão – defendem-se minimamente por meio de políticas monetárias nacionais, mas estão envolvidos na mesma tendência que abrange a totalidade dos países capitalistas centrais.

A consequência mais importante de 2011 é a projeção de uma recessão prolongada no centro do capitalismo, a qual será o cenário econômico internacional por toda a segunda década no novo século. Não significa que não haverá oscilações, mas elas serão sempre entre recessão, estagnação e crescimento baixo, com os problemas sociais correspondentes e a instabilidade política de governos de turno que pagarão o preço das políticas recessivas.

Se no primeiro ciclo da crise capitalista, em 2008, não houve grandes mobilizações populares, em 2011 surgiram novos protagonistas, entre eles os Indignados e os "ocupas". Os primeiros, nascidos na Espanha, onde tiveram sua expressão mais significativa de protesto contra as elites políticas, o esvaziamento da democracia liberal e a exportação da crise para o conjunto da população. Os "ocupas", surgidos em Nova York, estenderam-se para dezenas de cidades norte-americanas, além de Londres, e dirigiram-se mais diretamente aos bancos, difundindo a versão da oposição entre o 1% dominante e a grande maioria, os 99%. Ainda não são movimentos com grande apoio popular, mas têm um peso simbólico importante, que pode funcionar como uma chispa para estender a resistência aos ajustes neoliberais.

O movimento estudantil chileno conseguiu transformar suas reivindicações específicas – luta contra a privatização da educação – num tema nacional que, juntando-se às reivindicações de outros setores, promoveu uma crise política geral e um desgaste aparentemente irreversível do governo Piñera.

No outro plano estrutural – o da hegemonia imperial no mundo –, 2011 trouxe a guerra da Líbia como nova modalidade de intervenção imperial. Tomadas de surpresa pelas rebeliões populares na Tunísia e no Egito, que derrubaram alguns de seus aliados fundamentais na região, as potências ocidentais revidaram com apoio maciço, especialmente militar, contra a oposição na Líbia. Para isso, contaram com o beneplácito da ONU – com sua cínica decisão de "proteção das populações civis" – e a intervenção militar pesada da Otan, que bombardeou o país durante mais de seis meses, contando com o protagonismo da Inglaterra, França e Itália e o apoio logístico dos EUA, até obter o que buscava: a queda do regime de Kadafi e sua morte. Foi uma nova modalidade de intervenção numa região que passou a ter instabilidades políticas prolongadas. Renovou-se assim o arsenal de formas de intervenção das potências imperialistas, voltadas agora para a Síria e o Irã, enquanto a saída das tropas dos EUA do Iraque não prenuncia o fim dos conflitos, transferindo-os para a disputa de hegemonia entre as facções internas. A violência só aumentou, assim como no Afeganistão. Com o sucesso da derrubada do regime desses dois países, os EUA conseguiram impor uma vitória militar, mas não uma vitória política.

A Primavera Árabe trouxe um elemento novo à região: sua participação popular estava como que congelada e, de repente, multidões ocuparam praças para derrubar ditaduras. O movimento, iniciado em 2011, ainda deve ter longos desdobramentos já que as ditaduras bloquearam o surgimento de forças alternativas durante décadas e, nas eleições, tendem a triunfar aquelas que tinham espaço, mesmo restritas aos velhos regimes: partidos e movimentos islâmicos. Mas os processos em países como a Tunísia e o Egito estão longe de terminar, como demonstra o novo ímpeto das mobilizações egípcias, agora diretamente contra o papel que os militares tentam manter na transição política.

Como as ditaduras só permitiam espaço para forças islâmicas moderadas, são estas que tendem a ganhar as primeiras eleições, sem que as forças alinhadas aos setores mais jovens e laicos possam, por enquanto, conseguir expressão política própria.

O ano de 2011 acentuou a natureza prolongada e profunda da atual crise capitalista, porém os modelos alternativos ao neoliberalismo ainda têm existências regionais – como é o caso da América Latina e, de maneira distinta, da China. Da mesma forma, as debilidades da hegemonia imperial norte-americana – que não consegue manter e ganhar duas guerras simultaneamente, por exemplo – não encontram ainda formas multipolares com capacidade suficiente para superar o mundo unipolar existente. Assim, o período de instabilidades e turbulências introduzidas pela crise do neoliberalismo e do imperialismo se prolongará até que forças com capacidade de superação possam se afirmar. Têm sido dados alguns passos, e a própria capacidade de resistência do Sul do mundo – em especial da América Latina e da China – à recessão no centro do capitalismo demonstra isso. Mas a disputa hegemônica ainda tende a se prolongar por um tempo longo. O certo é que o mundo sairá distinto desta segunda década do século XXI – melhor ou pior –, mas distinto, porque os sintomas de esgotamento dos seus esquemas econômicos e políticos dominantes são evidentes.

# Sobre os autores

**David Harvey** é professor da Universidade da Cidade de Nova York (Cuny). Entre suas obras estão *Condição pós-moderna* (Loyola, 1992), *O enigma do capital* (Boitempo, 2011) e *A companion to Marx's* Capital (Boitempo, no prelo).

**Edson Teles** é doutor em Filosofia pela USP e professor de Filosofia Política na Universidade Federal de São Paulo (Unifesp). Coorganizador do livro *O que resta da ditadura* (Boitempo, 2010).

**Emir Sader** é professor aposentado da FFLCH-USP, coordenador do Laboratório de Políticas Públicas da Uerj e secretário-executivo do Clacso. Publicou, entre outros, os livros *A vingança da história* (2003) e *A nova toupeira* (2009), ambos pela Boitempo.

**Giovanni Alves** é doutor em Ciências Sociais pela Unicamp, livre-docente em Sociologia e professor da Unesp, *campus* de Marília. Entre seus livros está *Trabalho e subjetividade* (Boitempo, 2011).

**Henrique Soares Carneiro** é professor de História Moderna da USP. Seu último livro, *Bebida, abstinência e temperança na história antiga e moderna* (Senac, 2010), recebeu diversos prêmios, entre eles o Gourmand World Cookbook Awards 2010.

**Immanuel Wallerstein** é doutor em Sociologia pela Universidade Columbia e uma das principais referências dos movimentos antiglobalização. É pesquisador--sênior da Universidade Yale e autor de *O universalismo europeu* (Boitempo, 2007).

**João Alexandre Peschanski** é doutorando em Sociologia na Universidade de Wisconsin-Madison e integra o comitê de redação da revista *Margem Esquerda*. Organizou, com Ivana Jinkings, *As utopias de Michael Löwy* (Boitempo, 2007).

**Mike Davis** é *distinguished professor* na Universidade da Califórnia e integra o conselho editorial da *New Left Review*. Autor de vários livros, entre eles *Cidade de Quartzo*, *Apologia dos bárbaros* e *Planeta Favela*, publicados pela Boitempo.

**Slavoj Žižek** é filósofo e psicanalista. Professor da European Graduate School e um dos diretores do centro de humanidades da Universidade de Londres. Dele, a Boitempo publicou *Em defesa das causas perdidas* (2011), entre outros.

**Tariq Ali** é jornalista, escritor, historiador, cineasta e ativista político. É especialista em política internacional e tem se destacado com análises sobre o Oriente Médio e a América Latina. Autor, entre outros, do livro *O poder das barricadas* (Boitempo, 2008).

**Vladimir Safatle** é professor do Departamento de Filosofia da USP. Autor de *Cinismo e falência da crítica* e coorganizador de *O que resta da ditadura*, ambos pela Boitempo.

Este livro foi composto em Bauer Bodoni, 10,7/15, e reimpresso em papel Norbrite 66,6 $g/m^2$ na Sumago Gráfica Editorial para a Boitempo Editorial, em novembro de 2013, com tiragem de 3.000 exemplares.